EL AMOR SE CONSTRUYE JUNTOS

ROSÁNGEL RODRÍGUEZ · VÍCTOR ZARAGOZA
@rosiyvictor_psicologos

EL AMOR SE CONSTRUYE JUNTOS

El libro para cultivar una relación de pareja sana y plena

Papel certificado por el Forest Stewardship Council®

Primera edición: noviembre de 2024

© 2024, Rosángel Rodríguez y Víctor Zaragoza
© 2024, Penguin Random House Grupo Editorial, S. A. U.
Travessera de Gràcia, 47-49. 08021 Barcelona
Imágenes de interior: iStock

Penguin Random House Grupo Editorial apoya la protección de la propiedad intelectual. La propiedad intelectual estimula la creatividad, defiende la diversidad en el ámbito de las ideas y el conocimiento, promueve la libre expresión y favorece una cultura viva. Gracias por comprar una edición autorizada de este libro y por respetar las leyes de propiedad intelectual al no reproducir ni distribuir ninguna parte de esta obra por ningún medio sin permiso. Al hacerlo está respaldando a los autores y permitiendo que PRHGE continúe publicando libros para todos los lectores. De conformidad con lo dispuesto en el artículo 67.3 del Real Decreto Ley 24/2021, de 2 de noviembre, PRHGE se reserva expresamente los derechos de reproducción y de uso de esta obra y de todos sus elementos mediante medios de lectura mecánica y otros medios adecuados a tal fin. Diríjase a CEDRO (Centro Español de Derechos Reprográficos, http://www.cedro.org) si necesita reproducir algún fragmento de esta obra.

Printed in Spain – Impreso en España

ISBN: 978-84-02-42894-3
Depósito legal: B-14.499-2024

Compuesto en Fotoletra, S.A.

Impreso en Gómez Aparicio, S. L.
Casarrubuelos (Madrid)

BG 2 8 9 4 3

ÍNDICE

INTRODUCCIÓN

El libro que tenéis en vuestras manos es toda una declaración de intenciones. Que estéis leyendo estas líneas es ya un primer paso muy importante que esperamos que os ayude en todo lo que esté por venir en vuestra vida como pareja. Sin duda, es un compromiso con la persona que os acompaña en esta aventura para seguir explorando vuestro camino, con sus luces y sus sombras. Compartir la vida con alguien implica muchas cosas. Y construir **juntos** la relación que queremos tener es un paso imprescindible. Para poder hacerlo, debemos abrazarnos y acompañarnos desde la comunicación sana, la confianza y la curiosidad.

Este es un **libro práctico**. Aquí aprenderéis las bases seguras de una relación sana a través de diferentes explicaciones (que intentaremos hacer lo más amenas posible), pero especialmente entenderéis cómo aplicar los recursos y las herramientas necesarias para acercaros a una relación de pareja satisfactoria a través de **un sinfín de ejercicios y propuestas para realizar tanto juntos como de manera individual**.

En estas páginas crearéis **momentos y espacios comunes** en los que tendréis la oportunidad de exploraros en profundidad el uno al otro desde la empatía y el respeto mutuo, dejando fuera el juicio y fomentando el trabajo en equipo. Porque, en efecto, el amor requiere dedicación y esfuerzo (que no sufrimiento), y una relación de pareja saludable y funcional es una invitación a crecer y mejorar en todas aquellas partes de nosotros de las que nos sentimos, o nos gustaría sentirnos, orgullosos.

Gracias a los estudios científicos de autores como Vollman o Chellan hoy sabemos que las relaciones que resultan satisfactorias a largo plazo son aquellas en las que existe un **vínculo seguro**. **Y desarrollar este tipo de vínculo es posible si se trabaja con las herramientas adecuadas.** Por ello, este libro va dirigido a que podáis construir dicho vínculo, para que así encontréis disponibilidad, accesibilidad y seguridad en el otro al tiempo que os sentís validados, comprendidos y apoyados. De este modo, generaréis un espacio seguro donde deshaceros del miedo a comunicar y en el que podáis mostraros vulnerables y expresar todos vuestros miedos, experiencias, sueños, dificultades y emociones. **Queremos que vuestra relación de pareja sea ese lugar en el que os liberéis del modo batalla y aprendáis a ser un equipo.** Porque, al fin y al cabo, **el amor se construye juntos**.

Para empezar, queremos proponeros un ejercicio. En él podréis reconocer qué parejas de vuestro alrededor os resultan modélicas. Podréis ver muchas de las características que os gustaría tener en pareja y que quizá son un primer foco en el que fijarse y poner atención. Asimismo, podréis observar qué parejas no son un ejemplo y por qué, para detectar aquellos aspectos de los que os gustaría alejaros. **Es un primer ejercicio de reconocimiento sobre qué queréis y qué no queréis en vuestra pareja.**

¿Estáis listos para dar el primer paso?

PAREJAS MODÉLICAS

- Pensad en vuestro entorno, en las parejas que conocéis y en un par que admiréis.
- ¿Por qué las habéis elegido? ¿Qué las hace admirables para vosotros?
- ¿En qué parejas de vuestro alrededor no os fijaríais como ejemplo?, ¿por qué?

PAREJAS EN LAS QUE OS FIJÁIS COMO EJEMPLO

¿Quiénes son?

....

¿Qué características os gustan de esta pareja?

Ej.: Cómo hablan el uno del otro.

....

....

....

....

PAREJAS EN LAS QUE NO OS FIJARÍAIS COMO EJEMPLO

¿Quiénes son?

....

¿Qué características no os gustan de esta pareja?

Ej.: Hablan gritándose.

....

....

....

....

CONTINÚA...

PAREJAS MODÉLICAS

PAREJAS EN LAS QUE OS FIJÁIS COMO EJEMPLO

¿Quiénes son?

....

¿Qué características os gustan de esta pareja?

....

....

....

....

....

....

PAREJAS EN LAS QUE NO OS FIJARÍAIS COMO EJEMPLO

¿Quiénes son?

....

¿Qué características no os gustan de esta pareja?

....

....

....

....

....

....

Según vuestras respuestas se puede empezar a distinguir qué es lo que resulta importante para cada uno respecto a las relaciones de pareja. Lo más probable es que las respuestas sean semejantes si se lo preguntamos a otras personas. No vais a admirar a aquellos que se faltan al respeto, que no se cuidan, que no se priorizan o que no se demuestran afecto. Admiramos a otras parejas cuando las percibimos como un equipo. Un equipo con una base sólida, que se apoya, que trabaja día a día en su relación y que, aunque tiene conflictos, trata de resolverlos **mirando por la pareja y no de forma individual**.

Sin embargo, ¿por qué hoy en día parece tan difícil encontrar una pareja que funcione así? El concepto del amor y de las relaciones ha mutado. En generaciones anteriores a la nuestra (las de nuestros abuelos, por ejemplo) es prácticamente imposible oír hablar de divorcio o separación, lo cual tampoco es positivo, pues no es bueno mantenerse en una relación por el simple hecho de «haberse jurado amor eterno», ya que eso no es suficiente. Si dos personas no se entienden, no se suman ni se sienten satisfechas estando juntas, no deben estarlo. **El problema es que hemos saltado de pasarlo todo por alto a no pasar ni lo más mínimo**, y las relaciones no deben ser blanco o negro. En cualquier relación saludable habrá conflictos. Conversaciones incómodas. Momentos bajos y altos. Pérdida de pasión. Y muchas otras cuestiones que por el hecho de ser desagradables e incómodas se evitan, lo cual impide que exista esa pareja funcional con un vínculo seguro a la que casi todo el mundo aspira.

Para responder a estas cuestiones, es adecuado repasar el concepto de «amor líquido» de Zygmunt Bauman, que precisamente explica que los vínculos antes eran duraderos porque no se desechaban a la primera de cambio, mientras que en la actualidad sí se hace. Ahora hay tantas opciones disponibles que parece normal llegar a la conclusión de «**si esto a veces me provoca incomodidad, ¿por qué no busco otra cosa?**».

Se huye de lo incómodo, de lo desagradable, pensando erróneamente que se puede llegar a tener una relación en la que solamente se sientan emociones agradables. Claro que está bien que pretendamos sentir estabilidad y calma en nuestras relaciones románticas, pero la pareja está formada por todo: emociones agradables, que disfrutamos juntos, y emociones desagradables, que como equipo debemos comunicar para afrontar las dificultades que surjan. Y ese es el problema actual: **lo que no funciona, o no aporta felicidad absoluta desde el comienzo, no se intenta arreglar, sino que se tira**. Todo esto, sumado a que la inmediatez de la sociedad actual ha borrado la paciencia de nuestras vidas, hace que el esfuerzo que supone una relación sea algo que da pereza. Parece que actualmente estamos más guiados por los placeres (recompensas a corto plazo) que por las gratificaciones (recompensas a largo plazo). Y teniendo en cuenta que **las relaciones de pareja son claramente una recompensa a largo plazo**, resulta imposible desde esta visión dar forma a una pareja segura y funcional.

Además de este cambio conceptual, ¿os habéis dado cuenta de la falta de información que existe acerca de herramientas prácticas que nos ayuden a mejorar nuestras relaciones de pareja?

Al respecto, existe mucha teoría,
pero lo que necesitamos es mucha práctica.

El amor romántico es uno de los temas más hablado, cantado, sufrido, llorado, reído y bailado. Sin embargo, contamos con poca información práctica y con muchos mitos sobre él. Siendo un tema tan presente y común (porque la gran mayoría ha tenido pareja o probablemente la tendrá en algún momento), **¿por qué**

no tenemos herramientas a mano? ¿Por qué parece algo que hay que aprender sobre la marcha, perdiéndonos por el camino e incluso a veces perdiendo a personas con las que conectábamos por no entender lo que sucede? Aprender a base de ensayo y error va generando heridas que nos marcan. Adentrarnos en relaciones sin conocer cómo funciona el amor y la pareja nos suele traer más sufrimiento que alegrías, porque lo hacemos desde creencias erróneas e ideales inalcanzables.

Las relaciones se construyen día a día, como el que riega un aguacatero todos los días, aunque sabe que el primer aguacate no va a nacer hasta dentro de algunos años. Pero aun así lo hace con mimo, porque confía en lo que se está construyendo. Pues bien, las relaciones funcionan igual. Vamos regándolas, vamos cuidando de ellas, aunque sabemos que el trabajo nunca acaba, que es algo continuo y que en el momento en el que dejes de cuidarlas, en el momento en el que dejes de regar, no van a nacer más aguacates. Pero ¿quién puede hacer crecer un aguacatero si nadie nos explica cuántos días debe regarse la planta, si se debe poner a la sombra o al sol, o incluso cuál es el tipo de abono que necesita?

Según confirman los estudios de Gottman, tener una relación de pareja satisfactoria es bueno para nuestra salud y alarga la vida. Esto es así, literalmente. Una pareja con la que sentimos un vínculo seguro aumenta la secreción de oxitocina, una hormona que —entre otros factores— incrementa las sensaciones agradables y parece protegernos de ciertas enfermedades. Las conexiones seguras influyen en aspectos primordiales de la salud, como son los cambios en la presión sanguínea y en la regulación de la secreción del cortisol. **Además, como se ha demostrado en dichos estudios, una pareja insatis-**

fecha aumenta el riesgo de enfermar en un 35 por ciento, e incluso puede llegar a acortar la vida en un periodo medio de cuatro años. Esto tiene sentido, entre otras cosas por el estrés crónico que termina generando una relación conflictiva, debido a las implicaciones nefastas que puede tener en la salud tanto física como mental. Por lo tanto, si la satisfacción de ese vínculo va a marcar nuestra calidad de vida, e incluso la cantidad de **años** vividos, **¿no creéis que necesitamos la información** adecuada para no quemar las relaciones, no abandonarlas por falta de entendimiento y poder crear vínculos seguros, saludables y duraderos?

La información es poder. Y, en este caso,
la información es poder QUERER a alguien.

Este libro va a ser como una relación. Agradable, difícil a ratos, con conflictos y conversaciones incómodas, pero sobre todo con **trabajo, dedicación y práctica**. Muchos de los ejercicios que veréis en las siguientes páginas pueden producir miedo y otras emociones desagradables. A las personas nos asusta sentir esas emociones, y más si tienen que ver con nuestra pareja. No evitéis sentir ese miedo. **Sentir miedo es normal.** Es saludable y, además, nos ayuda. Si hacéis los ejercicios en equipo, a pesar de la incomodidad que ello pueda suponer, esto se convertirá en un avance. En una prueba de superar obstáculos juntos y en una mayor comprensión del otro y de la relación. Hemos intentado que cada concepto teórico sea preciso, breve (dentro de lo científicamente posible) y practicable. Cada ejercicio va dirigido a trabajar diversos conceptos en pareja, pero la práctica debe ser constante. Se trata, pues, de leer, comprender, identificar, practicar, asimilar y asentar. Para ello **hay que trabajar día a día**, porque crear un vínculo seguro es un estilo de vida. En pareja, rara vez nos va a funcionar el trabajar algo de manera puntual y que dure para siempre. Si no somos constantes, desaparece.

No es magia, es esfuerzo.

Todo lo que vamos a ver a continuación son herramientas básicas, orientadas a cuando la pareja no se encuentra en paliativos. Si consideráis que necesitáis profundizar en algunos aspectos, es posible que, además de la ayuda que os pueda proporcionar este libro, necesitéis una terapia personalizada (ya que, obviamente, estas páginas abordan cuestiones generales del hecho de estar en pareja).

Y qué mejor manera de empezar que comprometiéndonos a realizar los ejercicios como equipo, comenzando a construir y a cultivar la pareja que queremos desde ahora mismo.

COMPROMISO

- ☑ Me comprometo contigo a realizar los ejercicios de este libro y a solucionar aquellos conflictos y conversaciones incómodas que puedan surgir mientras los hacemos hablando.
- ☑ Me comprometo a que, si me siento demasiado incómodo en algún punto, te solicitaré parar y volver dentro de un rato, pero siempre a través del diálogo.
- ☑ Me comprometo a intentar en todo momento tener estas conversaciones con respeto, cariño y paciencia, sabiendo que esto requiere práctica, constancia y comprensión del otro.

MIEMBRO 1:

Firma

Nombre: ....

MIEMBRO 2:

Firma

Nombre: ....

Como nosotros vamos a estar a vuestro lado en este camino, qué menos que contaros nuestra historia, para que entendáis cómo esta información que os vamos a dar nos salvó y nos va convirtiendo día a día en una pareja de la que estamos orgullosos, no por ser ejemplo de nada, sino por todo el esfuerzo y trabajo que ponemos en ella. Bueno, es para eso y, también, para que nos podáis sentir un poquito más cerca.

0
NUESTRA HISTORIA (O «LO QUE TENDRÍA QUE HABER SALIDO MAL»)

Nuestra historia no es mejor que ninguna otra. Realmente lo único que nos diferencia es que, gracias a tener la información necesaria en el momento adecuado, hemos tenido la suerte de poder entender cómo funcionan las relaciones y ver a tiempo que nuestra pareja era algo muy especial, pero que no tenía que ver con la magia que nos habían contado tantas películas y canciones. **Era algo mejor, porque la magia desaparece, pero lo que se construye con dedicación y esfuerzo perdura.**

Nos conocimos en la facultad de Psicología; nos habíamos visto en la universidad, pero en clase de Neurobiología coincidimos en un laboratorio y nos intercambiamos una muestra para el microscopio. Fue nuestra primera interacción oficial, que sería la primera de muchas. Es posible que al leer esto esperéis un «y a partir de ahí todo fluyó mágicamente hasta hoy, que hemos escrito este libro para crearos expectativas inalcanzables», pero no fue así. De hecho, fue todo lo contrario a la efervescencia y el enamoramiento mágico de las películas. Después de esa primera interacción no sucedió nada. **Ni corazones en los ojos, ni conversaciones interminables ni nada de nada.** Pasó un año entero hasta que volvimos a tener una interacción, esta vez a través de las redes sociales, gracias a lo cual empezamos a hablar de «¿y a ti qué tal te va todo?». Ya no íbamos a la misma universidad y entonces a uno de los dos (no diremos quién, porque eso sigue generando conflicto) le picó la curiosidad de cómo le iba la vida al otro, a pesar de que solo habíamos tenido un intercambio de palabras.

A partir de ahí comenzamos a quedar de vez en cuando. Víctor tenía notables estrategias evitativas, marcadas por el miedo a perder su independencia y abrirse emocionalmente ante otra persona que pudiera hacerle daño. Rosi, estrategias más bien ansiosas marcadas por el miedo al posible rechazo emocional. Ambos veníamos de relaciones que marcaron las creencias que nos impedían dar forma a una relación segura y saludable. Como decíamos antes: vistas nuestras tendencias y estrategias opuestas, nuestro intento de primera relación «tendría que haber salido mal». Y en ese momento, de hecho, así fue. Ni la comunicación era buena ni había necesidades compartidas. **Nos faltaba mucho más aprendizaje para poder llegar a *ser*.** Al no encontrar la satisfacción que cada uno perseguía, cada cual por sus propios miedos, decidimos dejar de vernos.

Años después nos reencontramos. Volvimos a vernos y **sobrevino lo complejo**. Víctor, con una idea errónea sobre las relaciones, pensaba que el amor era algo que no era. Pensaba que el amor era querer hablar únicamente con esa persona y no ser capaz de pensar en otra cosa. En ese entonces, **ambos confundimos el amor con lo que hoy sabemos que es ansiedad**: Víctor con su idealización y las mariposas en el estómago, y Rosi con el nerviosismo, la incertidumbre y la inseguridad. Si no nos hubiéramos esforzado por indagar lo que nos estaba pasando, por explorar qué era el amor y el enamoramiento, cómo funcionan realmente las relaciones a todos los niveles y cómo se construyen los vínculos seguros y saludables, jamás habríamos llegado a lo que hoy tenemos. Víctor se habría estancado en pensar que «no sentía lo que tenía que sentir» y Rosi en que «solo es amor si estás todo el día con los nervios agarrados en la tripa». Pero nada de eso es real. **Eso no es el amor, es la falta de información.** Quizá, lo otro que nos salvó fue que teníamos claro que nos gustaba lo que veíamos en el otro, que tenía esos valores que ambos queríamos en una relación estable; aunque seguíamos sin entender por qué no estaban presentes esas mariposas constantes y por qué había tanta calma (o lo que por aprendizaje social se suele confundir con aburrimiento o falta de efervescencia).

Cansados de las idas y venidas, y sin querer hacernos daño, decidimos que no queríamos continuar así.

Entonces nos dimos cuenta de lo que nos faltaba: información.

Si queríamos estar juntos, necesitábamos explorar eso que sentíamos y entender por qué había cosas que no nos cuadraban. **Claro, en el cole no te enseñan cómo te debes sentir cuando tienes un vínculo seguro, ni te cuentan que el amor va más de estabilidad que de intensidad.** El haber sido amigos nos ayudaba quizá a confiar el uno en el otro y a tener esa comunicación abierta que nos permitió llegar a la conclusión de que **nuestra relación no venía dada, lo que equivale a decir que teníamos que construirla**. **Y así nos**

reencontramos, esta vez de verdad. Tras el autoconocimiento, la reflexión, la lectura, el aprendizaje y, por supuesto, la terapia; tras entender que querer estar junto al otro, aun siendo consciente de sus defectos, era la verdadera magia, y no el hecho de verlo sin errores y ponerlo en un pedestal.

Después de ese reencuentro hubo muchos más. Y cada día nos reencontramos para aprender más sobre cómo comunicarnos, cómo entender la forma de vincularse del otro, cómo comprender su gestión emocional y de conflictos, cómo querernos mejor.

El amor se construye, a partir de una atracción que tiene que existir, claro. Pero se construye con valores, con una base sólida y segura de lo que queremos ser como pareja, con esfuerzo y mucho trabajo. **El amor se construye con tiempo, tiempo de conocernos, de pedir perdón, de hablar, de aburrirnos y especialmente de descubrirnos.** Nuestra manera de relacionarnos como pareja es lo que queremos ofrecer en este libro: herramientas psicológicas y mucho trabajo, dos piezas básicas que posibilitan superar los obstáculos que hay en el camino y salir más fuertes y más unidos.

Lo más romántico de nuestra relación ha sido trabajar en ella.

Dedicarnos tiempo, tenernos mucha paciencia y respeto, comunicarnos, identificarnos, comprendernos y no juzgarnos. No ha sido ni es fácil, pero los dos tenemos algo en común: la motivación por cultivar cada día nuestra relación.

Queremos que leáis el libro que nos habría gustado leer en su momento, cuando nos encontramos por primera vez, y en otros muchos momentos de nuestra relación. Queremos que podáis tener a mano todas esas herramientas que hemos ido descubriendo con el tiempo, las diversas formaciones y las muchas lecturas, para que aprendáis a **ser equipo**. Así pues, **¿cuál es la primera creencia que hemos de aplicar?**

Que a *ser pareja* se aprende.

1
A SER PAREJA SE APRENDE

Hemos dicho que este libro es como una relación. Ahora nos gustaría conoceros un poco como pareja. Nosotros ya nos hemos abierto en canal. Ahora vamos a ver cómo fueron vuestros inicios y qué os hizo conectar, para así usar esa información a lo largo de los diferentes ejercicios.

¿CUÁL ES VUESTRA HISTORIA?

- Escribid una carta, para leerle al otro, sobre cómo fue vuestra historia desde lo individual (por ejemplo, puede comenzar así: «Cuando yo te conocí...»), aunque también es posible hacerlo cara a cara. Lo importante es que cada uno cuente cómo sintió el comienzo de vuestra historia desde su perspectiva.

CONTINÚA...

¿CUÁL ES VUESTRA HISTORIA?

- Después, haced dos columnas distintas y responded lo siguiente:

¿Qué os atrajo del otro al principio?

Ej.: Su forma de reír, las conversaciones, etc.

¿Cuál es el mayor obstáculo que habéis superado hasta ahora como pareja?

Ej.: La distancia al empezar la relación, su desconfianza (debido a cuestiones no resueltas en relaciones anteriores), el reparto de las tareas de casa, etc.

- Agradeceos los esfuerzos que ya habéis hecho para superar algunos obstáculos y aprovechad para recordaros el uno al otro las características que os hicieron y que os hacen elegiros cada día.

OBJETIVOS DE MEJORA

A veces, lo que dificulta poner una solución es que no tenemos localizada la dificultad, y es imposible solucionar un problema que no conocemos. Este ejercicio os ayudará a ver con mayor claridad lo que más os cuesta dentro de la relación y lo que queréis mejorar.

- Cada miembro de la pareja rodeará lo que considere que son sus objetivos individuales, que están relacionados con los aspectos que más le cuestan dentro de la relación, y por tanto en lo que quiere trabajar. Os dejamos también espacios en blanco por si queréis añadir otros objetivos. **Uno rodeará con un círculo y el otro con un cuadrado (por supuesto, es posible coincidir en el mismo objetivo).**

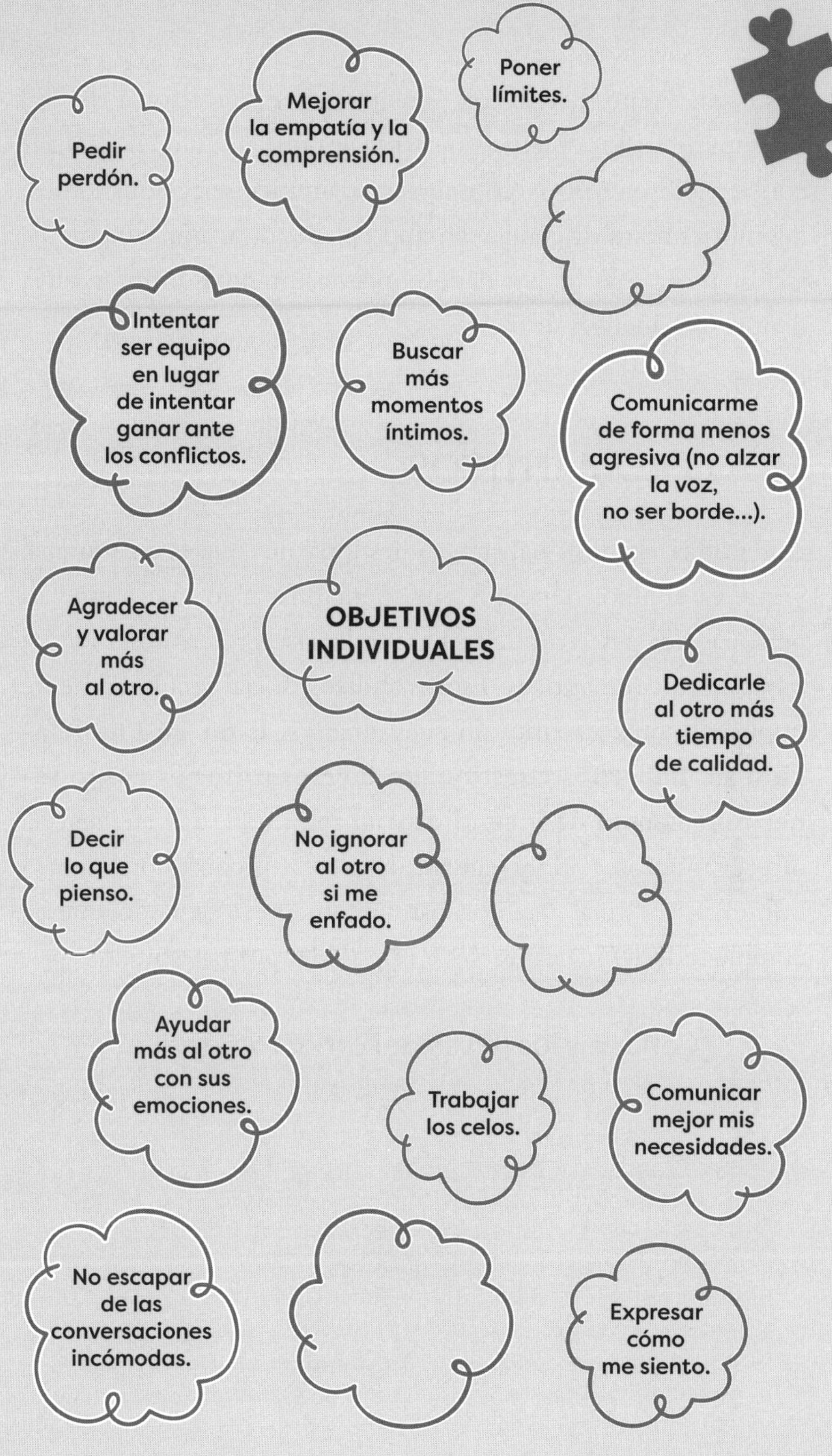
Pedir perdón.
Mejorar la empatía y la comprensión.
Poner límites.
Intentar ser equipo en lugar de intentar ganar ante los conflictos.
Buscar más momentos íntimos.
Comunicarme de forma menos agresiva (no alzar la voz, no ser borde...).
Agradecer y valorar más al otro.
OBJETIVOS INDIVIDUALES
Dedicarle al otro más tiempo de calidad.
Decir lo que pienso.
No ignorar al otro si me enfado.
Ayudar más al otro con sus emociones.
Trabajar los celos.
Comunicar mejor mis necesidades.
No escapar de las conversaciones incómodas.
Expresar cómo me siento.

Lo que hemos hecho con este ejercicio es seleccionar de forma superficial los objetivos individuales que se quieren alcanzar con este libro. A lo largo del mismo iremos seleccionándolos, descubriendo su origen y realizando planes de acción para mejorarlos, ahora solo hemos dado el primer gran paso: mirar hacia dentro para identificarlos.

MITOS ROMÁNTICOS

Antes de ponernos a hablar y a cuestionarnos qué es enamorarse y qué es el amor, tenemos que mencionar algo que a muchas personas nos pesa en nuestras mochilas. Nos referimos a los famosos mitos románticos. Esos mandatos, social y culturalmente impuestos, que acatamos sin cuestionarlos. **Estar en una relación sin habernos cuestionado ciertos mitos es como tener una alarma de incendios mal regulada**, que en lugar de ofrecernos protección y seguridad, solo causa confusión e incertidumbre. Al final estamos constantemente esperando que se cumplan ideales inalcanzables e imposibles por naturaleza.

¿Conocéis los mitos del amor romántico?

CONOCER LOS MITOS

En este ejercicio, os pedimos que juguéis a poneros de acuerdo y que unáis con flechas cada mito con su significado. Después de unirlos, sentaos, modo cita, y comentad cada uno de los mitos aquí planteados:

	Mito	Significado
1	MITO DE LA MEDIA NARANJA	El amor, para que sea intenso y bonito, nos hará sufrir. Es normal sufrir por amor, es una prueba de su magnitud.
2	MITO DEL SACRIFICIO	Solo hay un amor verdadero para cada uno en la vida, el resto son intentos frustrados de volver a sentir algo parecido.
3	MITO DEL AMOR A PRIMERA VISTA	Los polos opuestos se atraen; los amores reñidos y con peleas son los más apasionados e intensos.
4	MITO DEL ENAMORAMIENTO	Hay una persona perfecta destinada a cada individuo, y una vez que encontramos a esa persona, todo funciona a la perfección.
5	MITO DE LA PASIÓN	El amor significa renunciar a todo por la pareja, incluso renunciar a los propios gustos, a la propia identidad y felicidad.
6	MITO DE LOS CELOS	Solo hay amor si se está enamorado, de lo contrario no puede haber una pareja feliz.
7	MITO DEL ÚNICO AMOR	El amor verdadero significa que no existirán los conflictos o que, si existen, se resolverán fácilmente.
8	MITO DE LOS QUE SE PELEAN SE DESEAN	El amor siempre debe ser apasionado, romántico y debe estar lleno de grandes gestos en el día a día. Si la persona es la adecuada, la pasión siempre estará presente.
9	MITO DEL SUFRIMIENTO	El amor puede surgir instantáneamente al ver a alguien por primera vez, no hace falta conocerse en profundidad.
10	MITO DE LA PAREJA FELIZ	Los celos son un medidor del amor: si el otro se pone celoso, significa que nos quiere más.

Solución: 1-4, 2-5, 3-9, 4-6, 5-8, 6-10, 7-2, 8-3, 9-1, 10-7.

CONTINÚA...

CONOCER LOS MITOS

- **¿Creéis en alguno de los mitos?**
- En caso afirmativo, **¿cómo os ha afectado a la hora de comunicaros o abordar ciertos conflictos?** (Por ejemplo: «Como creo en el mito que afirma que los que se pelean se desean, cuando llevamos mucho tiempo sin ningún tipo de conflicto pienso que nos estamos aburriendo y que hay menos pasión en nuestra relación»).

Ahora vamos a desmontar todos estos mitos con su **alternativa real y alcanzable**.

CONOCER LOS MITOS 2

1	MITO DE LA MEDIA NARANJA	No hay una persona para cada individuo. No hay nadie perfecto para nosotros, sino que hay personas que nos gustan y con las que cuadramos en valores e ideales sobre la vida y las relaciones, y con las que nos esforzamos por construir relaciones saludables.
2	MITO DEL SACRIFICIO	No tengo que renunciar a cosas importantes para mí por mi pareja. El amor no es sacrificio constante, es entrega recíproca. Un espacio en el que siento que doy y también que recibo. Si solo siento que me sacrifico por el otro, significa que algo no va bien.

CONOCER LOS MITOS 2

3	MITO DEL AMOR A PRIMERA VISTA	No es posible sentir amor a primera vista. Podemos sentir las hormonas revolucionadas, enamoramiento o idealización, pero para sentir amor es necesario un conocimiento profundo del otro.
4	MITO DEL ENAMORAMIENTO	No tengo que estar enamorado para que haya amor. De hecho, el enamoramiento no es amor, es una fase inicial en la que aún no existe ese conocimiento profundo de la otra persona que me permite amarla. El enamoramiento es transitorio.
5	MITO DE LA PASIÓN	La pasión, en las relaciones maduras y saludables, disminuye con el tiempo. Incluso hay vaivenes de más y menos pasión, lo cual no significa que la pareja esté en peligro. Las relaciones van de paz y de sensación de hogar, no de efervescencia e intensidad continua.
6	MITO DE LOS CELOS	Que el otro se ponga celoso no significa que nos quiera más. Probablemente se deba a que se siente inseguro por cuestiones personales, o a que no le hemos sabido dar la certeza y la seguridad que necesita sentir para estar tranquilo en la relación.
7	MITO DEL ÚNICO AMOR	No me enamoro solo una vez. De hecho, puede que cuando «más enamorado» te has sentido sea cuando menos amor haya habido, ya que el enamoramiento es la intensidad máxima, la obsesión, y solemos confundir eso con el amor.
8	MITO DE LOS QUE SE PELEAN SE DESEAN	Las relaciones con personas muy opuestas suelen ser conflictivas. Necesitamos relaciones con personas semejantes en valores e ideales. Los polos opuestos solo traen dolores de cabeza.
9	MITO DEL SUFRIMIENTO	El amor debe ser todo lo contrario al sufrimiento. Es calma, y los conflictos deben llevarse desde una buena comunicación y no desde el drama y el dolor.
10	MITO DE LA PAREJA FELIZ	Probablemente, las parejas felices son las que más conflictos y conversaciones incómodas tienen. Los conflictos son necesarios y no siempre se resuelven rápidamente.

El problema de estos mitos es que generan unas **expectativas erróneas que muchas veces guían nuestro comportamiento**, mientras esperamos respuestas del otro que probablemente nunca lleguen, porque nos basamos en creencias irracionales. Muchas veces tomamos **decisiones drásticas basándonos en estos mitos**, como pensar que la relación va bien o mal en función de los mismos; y si una relación está basada en cualquiera de ellos, estaríamos hablando de conductas que solo son blanco o negro, cuando **en una pareja hay toda una paleta de colores**.

En nuestro caso tuvimos que derrocar y reestructurar varios de ellos. Por ejemplo, el mito del enamoramiento, ya que entendimos que este tiene caducidad, y el mito de la pareja feliz, ya que tuvimos que aprender a normalizar los conflictos en la relación y comprender que una pareja feliz no es una pareja sin desacuerdos.

DISTORSIONES COGNITIVAS EN LAS RELACIONES DE PAREJA

Además de estos mitos, las personas solemos mantener ciertas **distorsiones cognitivas en nuestras relaciones de pareja**. Estas distorsiones son formas de pensar rápidas, y nada concretas, que abstraemos o bien de otras situaciones que nos han podido pasar anteriormente o bien de creencias rígidas que han sido aprendidas en el entorno familiar o social, pero que en todo caso no razonamos en el presente.

Es nuestra forma de pensar predilecta cuando estamos a alta intensidad emocional. Las distorsiones resultan un atajo a la hora de procesar la información, ya que se generan de forma automática y sin ningún tipo de esfuerzo. Como los conflictos en pareja suelen generar una alta intensidad emocional pueden provocar muchas de estas distorsiones, por lo que es importante que las podamos reconocer para identificar cuándo están teniendo lugar y que así tengamos la posibilidad de corregirlas. Hay muchos tipos de distorsiones, aquí hemos seleccionado aquellas que consideramos más comunes en las relaciones de pareja.

¡VAMOS A MODIFICAR LOS ERRORES DEL PENSAMIENTO!

Los «deberías»
¿Qué significa? Hacer de un deseo o de un aspecto que nos gustaría algo de obligado cumplimiento y una exigencia real.
Ejemplo de pensamiento «Mi pareja debería saber que esto es importante para mí».
Pensamiento alternativo: modificamos el error «Mi pareja no tiene por qué saber o acordarse de que esto es importante para mí. A mí me gustaría que lo hiciera, pero no es su obligación, ni tampoco significa que me quiera más o menos».
¿Este pensamiento ha generado conflictos entre vosotros?
Pensad en un ejemplo individual en el que os haya pasado esto. **Escribid el pensamiento inicial y también el alternativo**

CONTINÚA...

¡VAMOS A MODIFICAR LOS ERRORES DEL PENSAMIENTO!

El adivino
¿Qué significa? Convicción de que sabemos lo que la pareja quiere, siente, necesita o piensa.
Ejemplo de pensamiento «Te conozco y sé, por cómo estás mirando a esa chica, que te gusta. Seguro que hasta te gusta más que yo».
Pensamiento alternativo: modificamos el error «No estoy en su cabeza y no puedo poner palabras en su boca. Si no le pregunto, no puedo saber lo que quiere, siente, necesita o piensa».
¿Este pensamiento ha generado conflictos entre vosotros?
Pensad en un ejemplo individual en el que os haya pasado esto. Escribid el pensamiento inicial y también el alternativo

La sobregeneralización
¿Qué significa? Llegar a conclusiones a partir de hechos concretos. Pensar en extremos (todo/nada, siempre/nunca).
Ejemplo de pensamiento «Todo lo hago mal, seguro que me acabará dejando como mi anterior pareja».
Pensamiento alternativo: modificamos el error «Que me equivoque en algo no significa que haga todo mal. Y que mi pareja anterior me haya dejado no significa que esta me vaya a dejar».
¿Este pensamiento ha generado conflictos entre vosotros?
Pensad en un ejemplo individual en el que os haya pasado esto. Escribid el pensamiento inicial y también el alternativo

El etiquetaje
¿Qué significa? Colocarle a mi pareja una etiqueta negativa o despectiva sin tener en cuenta todos los aspectos.
Ejemplo de pensamiento «Es un insensible. Nunca piensa en cómo me siento ni en lo que necesito».
Pensamiento alternativo: modificamos el error «Que hoy crea que no ha pensado en cómo me siento no significa que sea un insensible. Ponerle una etiqueta rígida y despectiva por una situación concreta no es algo objetivo».

¡VAMOS A MODIFICAR LOS ERRORES DEL PENSAMIENTO!

¿Este pensamiento ha generado conflictos entre vosotros?
Pensad en un ejemplo individual en el que os haya pasado esto. **Escribid el pensamiento inicial y también el alternativo**
El razonamiento emocional
¿Qué significa? Entender algo como real solo por sentirme de determinada forma.
Ejemplo de pensamiento «Si estoy enfadada contigo es porque algo habrás hecho mal».
Pensamiento alternativo: modificamos el error «Que yo esté enfadada no significa automáticamente que el otro haya hecho algo mal. Puede que a mí me haya enfadado algo puntual por otros muchos motivos. Mi emoción no siempre se corresponde con la realidad objetiva».
¿Este pensamiento ha generado conflictos entre vosotros?
Pensad en un ejemplo individual en el que os haya pasado esto. **Escribid el pensamiento inicial y también el alternativo**

Un primer paso para desechar tanto los mitos románticos como las distorsiones cognitivas es debatir y discutir sobre ello. Es importante replantearnos las cosas, pues muchas las hemos aprendido y las ejecutamos de manera mecánica desde nuestra propia interpretación y no desde la realidad objetiva. Al poner sobre la mesa estos u otros ejemplos con nuestra pareja, no debemos señalar al otro en forma de «lo estás haciendo mal», sino que se trata de identificar y comprender la distorsión y, sin juzgar, intentar llegar a la parte racional de lo que está sucediendo. Siempre como equipo y con cariño, nunca desde la crítica destructiva.

2
AMOR Y ENAMORAMIENTO

¿QUÉ SIGNIFICA PARA VOSOTROS EL AMOR EN PAREJA?

Escribid lo primero que venga a vuestra mente, fluid, y lo que realmente os salga cuando penséis en el amor en pareja. ¡Todo es válido!

QUÉ ES PARA MÍ *(miembro 1)*	**QUÉ ES PARA MÍ** *(miembro 2)*
....	....
El amor en pareja:	El amor en pareja:
....	....
....	....
....	....

Para nosotros, este es un capítulo muy especial e importante. **Quizá lo más difícil de nuestra historia fue el hecho de entender que no sentir esa intensidad tan «Disney» también era amor.** Probablemente lo que nos salvó fue comprender cuál es la diferencia real entre estar enamorado y amar, con todo lo que conlleva.

En nuestro caso no existía esa ansiedad desbocada al vernos. No necesitábamos que todo fuese perfecto. Éramos tal cual nosotros mismos, solo que en compañía. Esa estabilidad y «normalidad» nos parecía sospechosa, por lo que sobrevolaba el pensamiento de «uf, es posible que no estemos enamorados». Acostumbrados a relaciones de tira y afloja, lo nuestro fue, en este sentido, tan sospechoso que casi nos hizo romper nuestra, en ese entonces aún no formada, relación. **Estábamos enganchados al enamoramiento, a la necesidad de sentir esa ansiedad e intensidad (o a lo que socialmente llamamos «mariposas») de forma constante.**

ENAMORAMIENTO VERSUS AMOR

ENAMORAMIENTO	AMOR
Tiempo limitado, finito (puede durar hasta 24 meses con recaídas).	Duradero y a largo plazo (lo que tú lo cuides).
Fácil de sentir, incontrolable e involuntario.	Es voluntario, tarda tiempo en formarse, hay que trabajar para construirlo.
Dopamina, adrenalina, feniletilamina, norepinefrina y acetilcolina (hormonas del «subidón», la felicidad extrema, los pensamientos recurrentes y obsesivos).	Endorfina, oxitocina y encefalina (hormonas de la serenidad, la tranquilidad y el amor).
Sentimientos extremos, montaña rusa.	Sentimientos moderados, estabilidad.
Patológico, alteraciones psicológicas (ansiedad, depresión, obsesión…).	Saludable, emociones con intensidad moderada.
Euforia, felicidad absoluta, pasión, sufrimiento, dolor, angustia y estrés.	Paz, calma, confianza, seguridad.
Te muestras perfecto para la otra persona, intentas ocultar defectos.	Te muestras tal como eres, con tus defectos y virtudes.
La persona de la que te enamoras no es real, es una proyección de las propias necesidades (idealización).	Amas a la persona por como es, con lo bueno y lo malo, eligiendo, de manera racional, quedarte.
Solo sientes atracción por la otra persona, no tienes ojos para nadie más.	Ves atractivas a muchas personas, solo que sigues eligiendo a tu pareja de forma racional.
Obsesión. Intento por fusionarse con la otra persona. Escasa actividad sin la pareja.	Dos personas con su propia identidad. Actividades con y sin la pareja.
Predomina nuestro cerebro emocional.	Equilibrio entre cerebro emocional y racional.
Si la relación acaba en este estado, las emociones son más intensas. Cuesta más pasar página. Se suele producir estancamiento.	Si la relación acaba en este estado, las emociones son más moderadas. Se sufre, pero cada uno puede seguir su camino una vez pasado el duelo.

ENAMORAMIENTO VERSUS AMOR

Spoiler (que probablemente ya esperabais): **jamás sentiremos lo mismo que cuando estamos enamorados**. Pero es que las relaciones saludables no son cuestión de **más**, son cuestión de **mejor**.

Seguro que, como nosotros, son muchas las veces que habéis oído: «Lo dejamos porque se nos apagó la llama». Bien, ¿habéis encendido alguna vez una chimenea? Nosotros somos muy fans de hacerlo en invierno; y si lo habéis hecho, habréis visto que, si os despreocupáis, el fuego se apaga. Precisamente ahí está la diferencia entre el enamoramiento y el amor. Toda llama intensa acaba menguando, y si queremos que el fuego siga presente, tendremos que esforzarnos y no quitarle ojo a la cantidad de leña que necesita, a la humedad de la misma, etc. **El amor comienza ahí.** Cuando la llama del enamoramiento se empieza a apagar y hay que trabajar como equipo para mantenerla viva.

El enamoramiento es una etapa que, si la entendemos como una transición y no como el sentimiento final, puede ser muy bonita. Pero es una etapa que es obligatorio superar para pasar a la siguiente fase. De no ser así, nuestro cerebro se colapsaría, porque todo lo que sentimos estando enamorados es de una intensidad tan alta que no es sostenible en el tiempo (en casos de dependencia emocional patológica, uno se atasca en el enamoramiento, manteniendo aspectos como la idealización). Sin embargo, hay personas adictas a esa sensación de mariposas constantes, y esto es peligroso porque no llegan a formar nunca relaciones de conexión profunda. En el enamoramiento no existen esas relaciones de intimidad real, porque la idealización del otro lo imposibilita. Y quedarnos enganchados en esa fase de mariposas solo hace que nos perdamos lo más bonito de las relaciones maduras: sentir que somos nosotros mismos, pero con alguien más. Forjar algo de la nada entre dos personas completamente distintas.

Pero ¡ojo! Con esto no queremos decir que el enamoramiento sea algo malo. Es más bien una droga natural que tenemos que saber disfrutar con cautela. En otras palabras, no decimos que no haya que conducir, sino que no hay que ir a toda velocidad sin saber a dónde estamos yendo y sin mirar a nuestro alrededor.

¿Y qué pasa cuando pasamos de la droga a la abstinencia? Pues que nos vienen pensamientos como las famosas frases de «ya no siento lo mismo», «no siento lo que debería sentir» o «hay personas que me hacen sentir más intensidad». Por paradójico que parezca, es aquí cuando se puede empezar a construir un amor saludable. Cuando realmente se decide estar con la otra persona sin filtros mágicos.

Cuando el enamoramiento acaba hay tres caminos posibles:

1. Empezar a construir una relación basada en un vínculo seguro.
2. Dejar la relación por pensar que ya no se siente la misma intensidad (¡ay, las expectativas!; cuántas relaciones potencialmente saludables nos hacen dejar atrás).
3. Abandonar la relación por la decepción que supone ver al otro despojado de la idealización del enamoramiento y darse cuenta de que no es lo que se buscaba.

Entonces **¿cuáles son las fases por las que transita habitualmente una relación?**

LAS FASES DE LA RELACIÓN

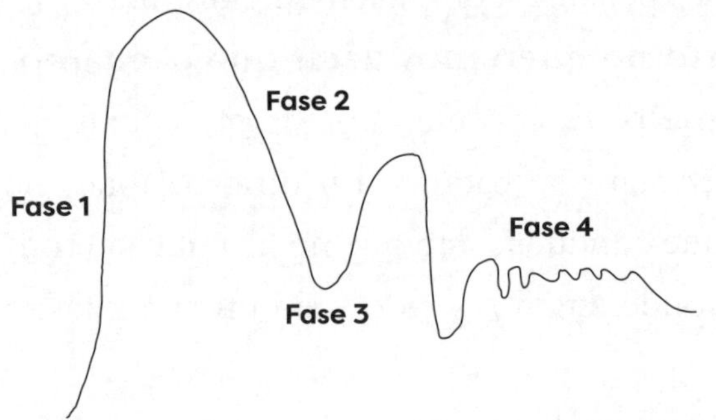

Entre la fase 2 y 3 terminan muchas parejas: o no es lo que creíamos al bajar la idealización o nos rendimos por las dificultades encontradas para entendernos.

Fase 1: enamoramiento

- Idealización.
- Predomina la fase emocional.
- Poca presencia de la parte racional.
- Deseo de fusión con el otro.
- Pérdida de parcelas individuales.

Fase 2: desilusión o desenamoramiento

- Necesidad de más parcelas individuales.
- No fusión / somos distintos.
- Enfrentamientos, conflictos.
- Desidealización: empiezo a ver cosas que no me gustan tanto.
- Choque con la realidad.

Fase 3: adaptación / posenamoramiento

- Aceptación de la diferencia.
- Racionalización: elección del otro con lo bueno y lo malo.
- Alternancia entre parcelas individuales y conjuntas.

Fase 4: amor maduro

- Altibajos naturales de las relaciones adultas.
- Equilibrio entre razón y emoción.
- Construcción de relación saludable.

Es importante puntualizar que **el enamoramiento no es imprescindible**. Suele estar presente en casi todas las relaciones de amor romántico que conocemos; pero hay algunas parejas que, por ejemplo, son amigos antes de intimar, y al no estar idealizados por el otro porque ya existe un conocimiento profundo, no viven esa fase de forma tan intensa. Quizá pasen por una fase de ilusión más atenuada, pero suelen llegar mucho más rápido a lo que es el amor maduro, sin tanto subidón.

EL CICLO DE VUESTRA RELACIÓN

Analizad y comentad entre vosotros las siguientes preguntas de cara a elaborar después vuestras propias gráficas:

- ¿Por qué fases de las cuatro explicadas habéis pasado?
- ¿Cómo fueron esas fases para cada uno?
- ¿Qué problemas surgieron en cada fase? ¿Os costó adaptaros a alguna en concreto? ¿Quizá a uno de los dos le costó más que al otro?

Una vez respondidas las preguntas, podéis dibujar una gráfica individual, pues cada uno puede haber vivido la relación en diferentes fases y orden. Para ello hay que recordar la globalidad de la relación.

GRÁFICA DE TU RELACIÓN:

(miembro 1)

- enamoramiento,
- desilusión o desenamoramiento,
- adaptación o posenamoramiento,
- amor maduro.

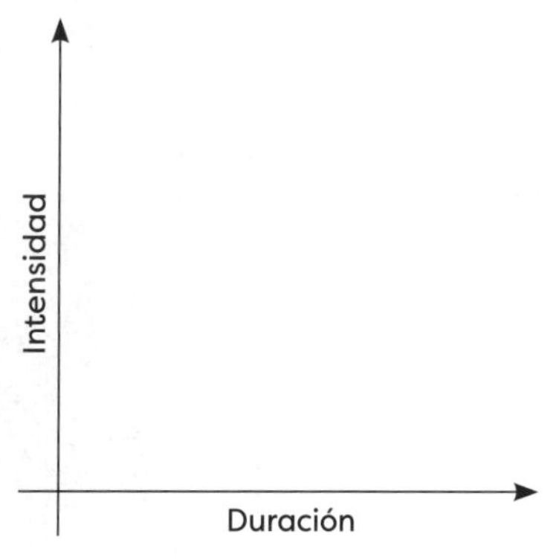

GRÁFICA DE TU RELACIÓN:

(miembro 2)

- enamoramiento,
- desilusión o desenamoramiento,
- adaptación o posenamoramiento,
- amor maduro.

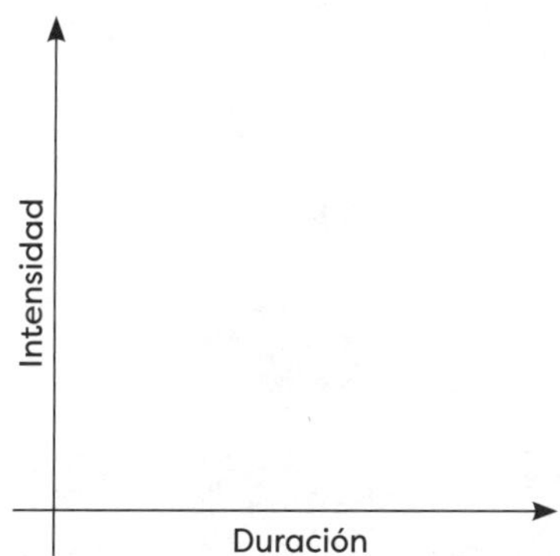

3

AMOR MADURO: ¿Y AHORA, QUÉ?

Las relaciones funcionales, basadas en un vínculo seguro, se construyen a partir del amor maduro, esa fase a la que llegamos después de la desilusión y de la adaptación a la otra persona en su forma real y no idealizada. Pero llegar a la fase de amor maduro no equivale a que se construya de por sí una relación saludable y funcional.

NO vamos a poder construir una relación funcional cuando:

- **Se sobrepasen** constantemente los **límites**, a pesar de haberlos expresado.
- **No se quiera trabajar** en la pareja.
- **Los problemas se vean como algo individual** y no como algo que pertenece a la pareja. Por ejemplo, justificar comportamientos o actitudes desde el «yo soy así» o «el problema lo tienes tú».
- Se practique **maltrato psicológico** de cualquier tipo (control, manipulación, omisiones constantes, etc.).

- No haya o no se trabaje la **empatía** (ser capaz de ponerse en el lugar de la otra persona, aun en caso de no estar de acuerdo, y comprender así sus emociones, actitudes u opiniones).
- Exista una **relación vertical y no horizontal** (esto lo hablaremos en el siguiente punto).

No debemos confundir relación saludable o funcional con relación duradera. Una relación de muchos años no tiene por qué ser funcional, y una relación de pocos meses puede serlo.

CONSTRUYENDO UN VÍNCULO SEGURO

Una relación en la que hay un vínculo seguro es aquella en la que podemos desnudarnos, mostrarnos y en definitiva SER sin que el otro nos juzgue o utilice lo que expresamos en nuestra contra. Es la sensación de llegar a casa y tener la paz y la seguridad de que la otra persona va a intentar comprendernos. **Un refugio seguro** es ese lugar al que podemos acudir siempre que sentimos tristeza, soledad, alegría, gratitud o cualquier emoción que sea relevante y queramos compartir. Es **ese lugar donde no hay miedo de comunicar lo que nos nace de dentro**.

Para ser refugio seguro siempre podemos aprender de aquello que nuestra pareja piensa que habría necesitado en momentos pasados. Eso nos ayuda a tomar perspectiva y comprender mejor su mundo interno, de cara a sostener sus emociones y ser ese apoyo que necesita.

CONSTRUYENDO UN REFUGIO SEGURO

- En relación con tu pareja, ¿qué necesitarías para tener esa sensación de hogar y de refugio?
- ¿Qué crees que le falta a tu relación de pareja para sentirte de ese modo?
- ¿Alguna vez has sentido dificultades para comunicar algo? En caso afirmativo, ¿cuándo fue y por qué lo sentiste?
- ¿Qué consideras que se puede mejorar para que tu relación sea un refugio seguro?

¿POR DÓNDE SE EMPIEZA A CONSTRUIR UN VÍNCULO SEGURO?

La base de un vínculo seguro tiene que ser una relación de igual a igual. Por ello vamos a hablar de las relaciones verticales y horizontales. Este concepto, acuñado por el psicólogo Arun Mansukhani, nos muestra que **las relaciones pueden ser de dos modos**:

MODOS DE SER DE LAS PAREJAS

RELACIÓN DE PAREJA VERTICAL

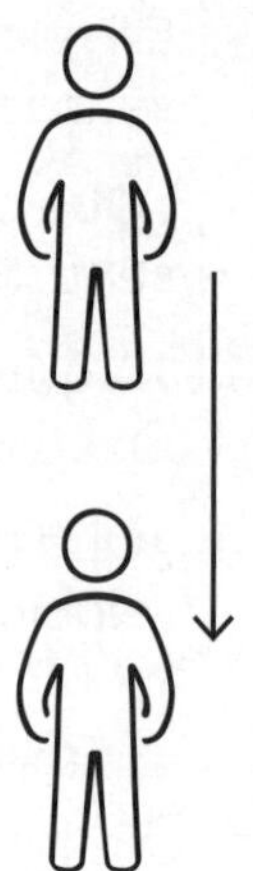

- Hay una persona que, respecto a la otra, tiene menos poder a la hora de tomar decisiones y menos responsabilidad en la relación.
- Quien se encuentra en la posición de poder tiende a sentir frustración por ser la única persona «adulta» en la relación.
- Quien se encuentra en la posición inferior suele sentirse una persona poco autónoma, y eso le hace perder autoestima y confianza.
- Suele haber una dependencia poco saludable.

RELACIÓN DE PAREJA HORIZONTAL

- El poder se reparte de forma bidireccional: se tiene el mismo poder para tomar decisiones y la misma responsabilidad.
- En términos generales la relación es equitativa, aunque puede que en determinados ámbitos haya uno que tenga más poder o más responsabilidad que el otro.
- Se da una dependencia mutua y saludable. Hay seguridad en la relación y en que el otro es un refugio y un apoyo.

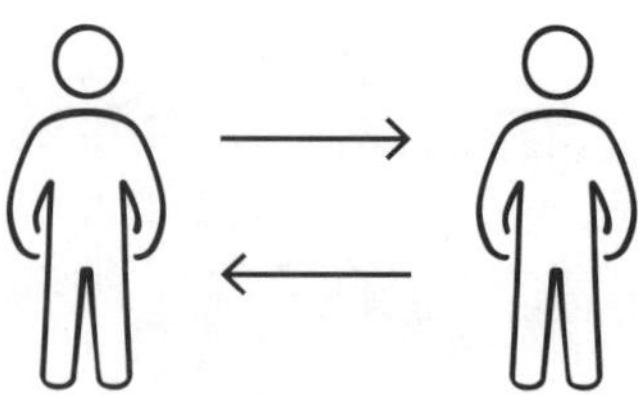

Es importante tener claro que ninguna relación es cien por cien vertical u horizontal, aunque sí tenemos relaciones más verticalizadas o más horizontalizadas. Más importante aún es saber que **ninguna relación que sea mayormente vertical puede ser saludable**.

En un vínculo seguro tiene que haber equidad. Esa equidad es la que nos lleva a *ser equipo*, y **no es posible ser equipo con alguien a quien no veo, no siento o no trato como a un igual**. Parece algo fácil e incluso obvio el tener que ver a la pareja como a un igual, pero no lo es tanto. Muchas personas tendemos a verticalizar las relaciones para sentirnos más seguras. Por ejemplo, si soy una persona muy dependiente emocionalmente, con tendencia a tener baja autoestima y a las montañas rusas emocionales, será bastante común que me coloque en una posición inferior, en la que dejarle el poder al otro me hace sentir cuidada y segura, lo cual puede provocar que a la otra persona se le otorgue la responsabilidad de arreglar las diversas situaciones que puedan tener lugar.

En cambio, si soy una persona acostumbrada a complacer a los demás, es común que tienda a colocarme en una posición superior, en la que me siento cuidadora y salvadora del otro, lo que me da una falsa sensación de control en la relación. En muchas ocasiones verticalizamos nosotros mismos nuestra relación de pareja por nuestros aprendizajes pasados, mientras que otras veces es la otra persona quien la verticaliza (por ese mismo motivo o por el miedo a «perder»). En la mayoría de las situaciones, **cuando hay una relación vertical es porque nos está controlando el miedo**. En este caso, el miedo a perder al otro.

¿Cómo se ven las discusiones en las relaciones verticales?

DISCUSIONES EN LAS RELACIONES VERTICALES

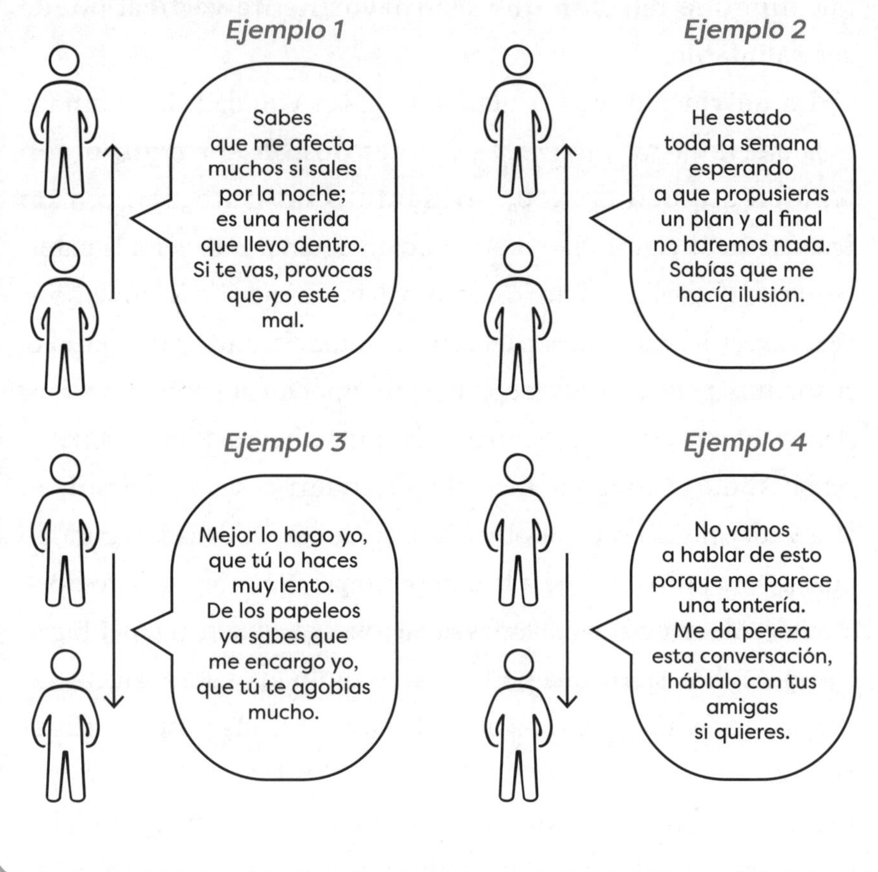

Como podréis observar en estos ejemplos, en las discusiones que tienen lugar en las relaciones verticales, la responsabilidad y el poder está desigualmente repartido.

En el primer ejemplo, la figura de la posición inferior es quien se coloca a sí misma en dicho lugar, dándole al otro la responsabilidad de solucionar sus heridas y otorgándole todo el poder sobre su bienestar. En cambio, **si la relación fuese horizontal, las heridas se verían como propias**; en tal caso, podría pedirle apoyo a mi pareja, siempre que no le cargue todo el peso.

También en el segundo ejemplo, en el que la figura de la posición inferior se vuelve a colocar a sí misma en dicha posición, le da al otro todo el poder de decisión acerca de cuándo se van a ver o cuándo harán un plan, colocando de nuevo todo el peso en un solo miembro de la pareja. En una relación horizontal, los planes se deberían hacer como una decisión que se toma de manera conjunta y en la que ninguno se queda esperando a que el otro decida unilateralmente.

En los ejemplos tercero y cuarto, en los que la figura de la posición superior es quien se coloca a sí misma en dicho lugar, le da al otro un rol de inferioridad al encargarse de los asuntos desde la perspectiva de cuidador y salvador. En el tercer ejemplo, si fuese un simple reparto de tareas, porque a cada uno se le da mejor una cosa, no habría problema; el dilema está en que ese «me encargo yo, porque tú eres lento y te agobias» le resta autonomía al otro. **En una relación horizontal, el encargarse o no de ciertos asuntos es algo consensuado.** De igual manera, en el cuarto ejemplo, el que se coloca en el rol superior decide de qué temas se habla, cuándo se habla y hasta con quién se habla, tomando así todo el poder de la relación. En una relación horizontal, las conversaciones se acuerdan, por lo que una frase unilateral como «de esto no se habla y punto» no tendría cabida.

Si me coloco o me colocan abajo, me puedo sentir una persona sin autonomía, indefensa y dependiente, pero también me puedo sentir cuidada y segura. Si me coloco o me colocan arriba, puedo sentir que tengo el control y también más seguridad, pero a la vez me puedo frustrar por ser la única persona adulta que tiene responsabilidad y poder en la relación. Ambas posiciones pueden constituir un problema. **Lo que está claro es que en ambos escenarios no somos «iguales» que decidan conjuntamente, se cuiden y se apoyen en igual medida, y eso es un problema.**

ANALIZANDO NUESTRAS POSICIONES

Es importante hacer este ejercicio individualmente, de cara a ver cuál es nuestra tendencia en las relaciones y así conocernos un poquito mejor.

- En la siguiente imagen escribe tus relaciones de pareja pasadas y analiza si en ellas predominaba la horizontalidad o la verticalidad.
- En caso de encontrar alguna relación más «verticalizada» escribe en qué posición te encontrabas (superior o inferior), y si era una posición en la que te colocabas tú o era algo impuesto por la otra persona.

RELACIÓN DE PAREJA VERTICAL

- *Ej.: Con mi primera pareja.*
  Yo me colocaba en posición inferior, porque lo tenía muy idealizado.
- ....
- ....

ANALIZANDO NUESTRAS POSICIONES

RELACIÓN DE PAREJA HORIZONTAL

- *Ej.: Con mi anterior pareja. Sentía que era una relación bastante equitativa, y yo no me posicionaba ni arriba ni abajo.*
- ....
- ....

De cara a tener una relación horizontal, en primer lugar es fundamental **conocer nuestras tendencias**. Si sabemos que tendemos a posicionarnos por debajo, será importante reconocer ese patrón para intentar evitarlo. Por ejemplo, si tengo que pedir una cita médica y le encargo a mi pareja que haga esa gestión, porque yo me siento incapaz de llevarla a cabo, debo intentar trabajar en contra de esa tendencia que me resta autonomía y me posiciona por debajo.

También es importante comentar estas tendencias con nuestra pareja, para conocer lo que nos cuesta y que podamos ayudarnos a restablecer la horizontalidad cuando nos desviemos un poquito hacia la verticalidad (algo que puede pasar en muchas situaciones y que, además, es natural). Lo importante es reconocerlo, volver a sentirnos iguales y darnos la autonomía y la toma de decisiones que ambos merecemos tener. **Esto no va de no tener errores, sino de aprender cómo solucionarlos y ayudarnos durante el proceso.**

¡A EQUILIBRAR LA RELACIÓN!

Registra las situaciones en las que puedes tender a desequilibrar la relación. ¡Vamos a ponerle solución a eso!

SITUACIÓN: MI PAREJA SALE CON SUS AMIGOS

1 **¿Qué tiendo a hacer? (me ubico en una posición inferior o superior)**
Comunicación pasivo-agresiva y reclamo atención. Creo que me ubico en una posición inferior y deposito en el otro la responsabilidad de que yo esté bien.

2 **¿Por qué creo que lo hago?**
Quizá me da miedo que se lo pase mejor con sus amigos que conmigo.

3 **¿Qué me gustaría que pasara en esta situación?**
Me gustaría estar en calma y que la otra persona pudiera disfrutar con sus amigos.

4 **¿Cómo podría llevarlo a cabo para que la relación sea más horizontal?**
Comunicando lo que me da miedo para poder dialogar sobre ello y trabajarlo como equipo y no desde mi protesta individual y mis mochilas.

SITUACIÓN:

1 **¿Qué tiendo a hacer? (me ubico en una posición inferior o superior)**

2 **¿Por qué creo que lo hago?**

3 **¿Qué me gustaría que pasara en esta situación?**

4 **¿Cómo podría llevarlo a cabo para que la relación sea más horizontal?**

Una vez establecida la base de una relación horizontal, y cómo trabajar en ello cada día, nos toca adentrarnos en los tres ingredientes principales de las relaciones.

¿QUÉ INGREDIENTES LLEVAN LAS RELACIONES DE AMOR SEGURO?

Las relaciones de amor seguro llevan tres ingredientes principales que son igual de importantes, y **deben darse en equilibrio** y al mismo tiempo para que podamos hablar de un vínculo seguro.

Según la teoría del psicólogo estadounidense Robert Sternberg, estos son los tres ingredientes que, en equili-

brio, darían lugar al amor seguro. Si, por ejemplo, una pareja tiene una buena intimidad y un buen compromiso pero no hay ni rastro de la pasión ni intenciones por recuperarla, sería una relación de amigos. Si, por el contrario, hay intimidad y hay pasión pero no hay compromiso, no sería una relación de pareja, sería más bien una relación de amigos con derecho a roce, en la que puede haber conexión emocional y pasión pero falta el ingrediente del «pacto» entre dos personas que asumen la responsabilidad que conlleva tener una relación. Si falta el componente de la intimidad pero existe la pasión y el compromiso, estamos ante una relación de constante conflicto-reconciliación, en la que las reconciliaciones se basan en la intimidad sexual, y siguen juntos por el enganche que eso produce.

Así, vemos que la relación puede ser muy diferente según el ingrediente que falte. Y aunque los tres necesitan estar en equilibrio para hablar de un amor seguro, quizá hay uno que cobra especial relevancia: el ingrediente de la intimidad.

Si tenemos una buena base de confianza, conexión y comunicación, las dificultades que surjan en los otros aspectos podremos sortearlas como equipo.

NUESTROS INGREDIENTES

En el siguiente ejercicio analizaremos los ingredientes de vuestra relación. Para hacer el ejercicio es importante conocer las siguientes pautas:

- **Debatid cada punto** y sentíos libres de opinar si creéis que un ingrediente forma parte, o no, de vuestra relación.
- Si alguno siente que no está satisfecho con algún punto, toca marcarlo como un **aspecto que se debe mejorar**. En ese caso, podéis **colorear todo el círculo**.
- **En aquellos puntos en los que ambos estéis satisfechos tal cual están**, pues son los que forman parte actualmente de vuestra relación, **poned un tic**.

Es posible que al hacer el ejercicio no os pongáis de acuerdo. Puede que uno sienta que le falta conexión emocional y que el otro no sienta lo mismo. **Las dudas y las conversaciones incómodas son positivas en las relaciones porque ayudan a avanzar** y a sentir bienestar real. Aunque no estemos de acuerdo, si el otro siente que hay que mejorar algún aspecto, trabajemos en ello. **En las relaciones horizontales es igual de importante lo que ambos sentís**, por eso es fundamental intentar salirse del «yo ya lo hago todo bien» y construir desde la empatía.

CONTINÚA...

NUESTROS INGREDIENTES

Intimidad

- O Refugio seguro y sensación de hogar
- O Cercanía y cariño
- O Conexión emocional
- O Confianza
- O Comunicación y validación
- O Amistad, risas, compañía
- O Tiempo de calidad en pareja (planes de ocio compartido, viajes, ratitos para hablar y conectar sin distracciones, etc.)

Pasión

- O Dedicarse tiempo de calidad
- O Excitación
- O Atracción física
- O Impulso y necesidad de estar con la otra persona
- O Intimidad sexual
- O Aspecto físico

Compromiso

- O Decisión de seguir juntos y trabajar en la relación
- O Proyecto de futuro en común
- O Valores compartidos
- O Conversaciones incómodas entendidas como parte de la relación y no como final
- O Capacidad para llegar a acuerdos y verse como un equipo al enfrentar los problemas

NUESTROS INGREDIENTES

Poner un tic no significa que cada día tengamos resuelto ese aspecto que marcamos. **Las relaciones nunca son perfectas, y eso es lo que las hace bonitas.** Esa imperfección formada por dos personas tan distintas que se esfuerzan cada día en construir y en ser un equipo. Lo que debemos intentar es que los tres componentes mencionados estén en equilibrio, y poder dedicarnos tiempo para nutrir y cuidar la relación.

Llegados a este punto ya sabéis que ninguna relación se mantiene por la inercia y el paso del tiempo, así que **cada ingrediente necesita de vuestro trabajo y esfuerzo para mantenerse.** Habrá épocas en las que falle más un ingrediente que el otro, y ese será el momento para volver a hablar y ver cómo solucionarlo. Aunque ahora consigáis encontrar un equilibrio, llegará alguna situación que vuelva a desequilibrar la relación. Por eso, la intimidad —y, con ella, conseguir una buena comunicación y sentirnos seguros con el otro— es lo más esencial para establecer el camino cuando algo no va como nos gustaría.

4
VALORES Y LÍMITES

VALORES: CÓMO QUEREMOS SER

Está más que demostrado que cuando vamos a la compra con hambre y sin tener una lista gastamos más dinero, terminamos comprando cosas que no queríamos y acabamos desperdiciando muchos más alimentos. Cuando vamos con nuestra lista pensada, dejamos de echar a la cesta alimentos por impulso, o sin planificación, y a la vez acabamos cumpliendo con nuestros objetivos; por ende, nos sentimos mejor.

Ahora queremos que penséis en ir a hacer la compra pero no de alimentos, sino de qué quieres *ser* y qué necesitas para *ser*. **Si no tengo claro el tipo de persona que quiero ser, va a resultar muy difícil que realice acciones acordes a ese tipo de persona.** ¿Por qué iba a dejar de comprar carne si no tengo claro que quiero ser vegana? No podemos cambiar nuestras conductas y acciones sin tener claro algo mucho más profundo: **nuestros valores**. Nuestros valores como personas y también aquellos que queremos que estén presentes en nuestra pareja y que formen parte de la relación que pretendemos construir.

Pero ¿qué son exactamente los valores? **Los valores son direcciones hacia las que deseamos dirigirnos.** Son, en su mayoría, estables a lo largo del tiempo. Los valores nunca se alcanzan, porque es algo con lo que hay que ir cumpliendo día a día a través de nuestras acciones. Son los que hacen que nuestra vida tenga sentido. Si no tuviéramos valores, no sabríamos hacia dónde dirigirnos, no seríamos capaces de entender cuál es el camino que queremos seguir. Por eso, **cuanto más invertimos en acciones que nos mueven hacia esos valores, más satisfacción sentimos con nosotros mismos y con nuestra vida**. Ahora bien, decir que tengo un valor no es tenerlo. Tener un valor quiere decir que sé guiar mis acciones y mis decisiones en función del mismo. **Un valor no se dice, se hace.**

Para diferenciar los valores de las acciones que los demuestran, os ponemos un ejemplo. Imaginad que, en relación con la pareja, el otro dice que la comunicación es uno de los valores que lo guía y lo representa. Ese valor tendría que justificarse a través de ciertas acciones, como por ejemplo estar disponible para hablar cuando tenga lugar algún conflicto o expresarle al otro, siempre desde el respeto, las cosas que le molestan en lugar de evitar ese tipo de conversaciones. Yo no puedo afirmar que mi valor es la comunicación si cada vez que surge un conflicto evito hablar del mismo. Parece obvio, ¿no?

Por otro lado, ser una persona comunicativa es algo que nunca se termina de conseguir. Los valores no son metas a las que se llega de repente. No llevas cinco años con tu pareja dialogando asertivamente y de repente dices «ya está, ya he conseguido ser una persona comunicativa. Ahora puedo decir de por vida que uno de mis valores en pareja es la comunicación». No funciona así. **Los valores son direcciones hacia las que caminas,**

pero nunca llegas. Estos valores se dividen a su vez en **fundamentales** y **secundarios**.

Los valores fundamentales son aquellos que nos hacen ser quienes somos. **Esos valores que, si los elimináramos de nuestra vida, nos harían tener serias sospechas de que seguimos siendo nosotros.** Continuando con el ejemplo anterior, si para mí la comunicación en pareja es un valor fundamental y comienzo a callarme cosas, a no expresarlas o a hablarlas desde la agresividad, esa ruptura entre mi acción y mi valor me hará sentir muchas emociones desagradables. Es decir, se va a crear una disonancia, una incoherencia, entre lo que quiero ser y lo que estoy siendo. **Que nuestras acciones vayan en contra de nuestros propios valores es una de las cosas que más malestar nos puede generar.**

Los valores secundarios, por otro lado, son aquellos que quiero tener, que **me gustaría cumplir, pero que no ponen en duda mi identidad si desaparecen**. Por ejemplo, si uno de mis valores secundarios es tener un estilo de vida saludable y durante un año, por determinadas circunstancias, considero que no me interesa mantener ese estilo de vida saludable (porque no tengo tiempo para hacer deporte, he dejado un poco de lado el cuidado de mi alimentación, etc.), es probable que me sienta mal, pero ello no hará tambalear el tipo de persona que me considero.

No hay unos valores que de forma fija sean fundamentales o secundarios. Esto va a depender de cada persona. Para lo que uno es secundario para otro puede ser fundamental, y viceversa. Lo importante es que los fundamentales son los que forman nuestra identidad, y los secundarios son añadidos que, si los quitamos, seguimos teniendo claro quiénes somos.

¿CONOCES TUS VALORES?

- Intenta establecer los cinco valores más fundamentales de tu identidad.
- Después, justifica esos valores con acciones que los suelan acompañar. Recuerda que las personas no tenemos un valor por el hecho de expresarlo, sino porque el camino que recorremos cada día demuestra que efectivamente lo tenemos (es decir, es parte constitutiva de cada individuo).

Valores fundamentales

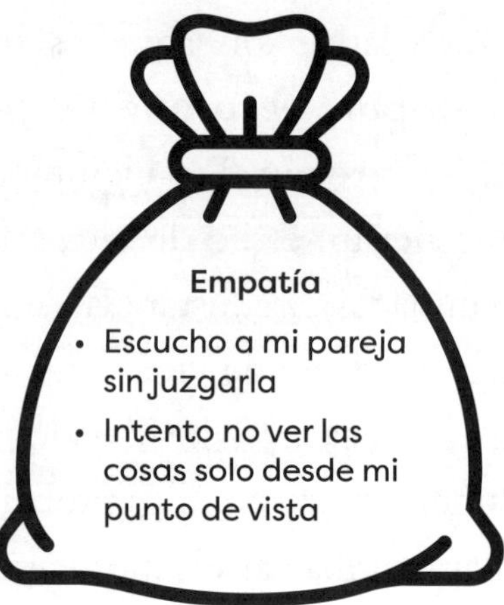

- Razonamiento crítico
- Empatía
- Amistad
- Familia
- Flexibilidad
- Sentido del humor
- Justicia
- Vida saludable
- Independencia
- Detallismo
- Optimismo
- Humildad
- Sinceridad
- Coherencia
- Comprensión
- Generosidad
- Creatividad
- Fidelidad
- Resolución de conflictos
- Proactividad
- Cariño
- Respeto
- Perseverancia
- Sociabilidad

Que los valores más fundamentales para nosotros sean incompatibles o incongruentes con respecto a los de nuestra pareja es algo que genera un choque que a largo plazo puede convertir la relación en conflictiva. Claro que no es necesario hacer *match* en aquellas cosas que queremos o que nos gustarían (valores secundarios), pero **la columna vertebral, los valores fundamentales, son los que van a crear nuestra identidad como pareja**.

Imaginad que mantener un estilo de vida saludable os parece un valor secundario. Si vuestra pareja deja de hacer deporte o deja de llevar una dieta estrictamente saludable, no sería motivo para plantearse la idea de dejar la relación, ¿no? Pero ahora imaginad que la comunicación es un valor fundamental, y que vuestra pareja nunca os comunica lo que le molesta, o que incluso cuando le cuentas tu día, e intentas tener cierta intimidad desde un punto de vista emocional, no muestra interés o se distancia. Esto, a largo plazo, generará una gran insatisfacción. Siendo así, **¿cómo se construye una relación funcional en la que exista un vínculo seguro si algo tan fundamental para mí no es posible y si no puedo ser yo al cien por cien?**

Al estar en pareja es inevitable que cambiemos, y aunque podemos modificar y mejorar ciertos valores que para nosotros son relevantes, no podemos hacer que valores no compartidos, y que no vemos como importantes, pasen a ser prioritarios.

Esto es algo que sucede en muchas parejas. Vamos a poner un ejemplo esclarecedor: Lucía es una chica muy empática, y para ella la empatía es un valor fundamental que quiere que forme parte de la columna vertebral de valores de su relación. Lucía elige estar en pareja con Juan, un chico que desde el principio deja claro que no es empático. Cuando los valores más fundamentales no son compartidos, pueden pasar varias cosas.

LOS VALORES EN LA RELACIÓN DE PAREJA

Lucía es una persona que tiene la empatía como un valor fundamental de una relación de pareja.

Su pareja, Juan, ¿comparte este valor?

No

¿Están dispuestos a trabajar juntos para mejorar ese valor? Porque, aunque actualmente no sea compartido, Juan también lo tiene como un valor fundamental.

Sí

Se trabaja en ello cada día, a través del diálogo y de acuerdos.

No

Se continúa en la relación porque se le da prioridad a seguir juntos a pesar de la insatisfacción.

Lucía se adapta y deja de darles importancia a esos valores.

«Como sé que no es empático, dejo de esperar ese valor de él y simplemente intento pasar del tema».

Lucía puede acabar teniendo conductas incoherentes con sus valores y alejarse de la persona que quiere ser en pareja.

Se abandona la relación por incompatibilidad de valores fundamentales (insatisfacción).

Continúan la relación porque Lucía piensa: «Bueno, ya irá cambiando con el tiempo. Seguro que yo consigo que sea más empático».

Lucía y Juan tienen conflictos recurrentes sobre el mismo tema: «No eres nada empático conmigo; no comprendes mis emociones...». Lucía no acepta a Juan de ese modo e intenta cambiar su forma de ser constantemente, a pesar de que él le repite que no quiere cambiar.

«Como siento poca empatía por su parte, dejo de expresar mis emociones. Dado que él tampoco me expresa nada, yo voy dejando de ser empática y cada vez estoy más resentida».

A esto es a lo que nos referimos con que los valores que crean nuestra identidad como pareja deben ser coherentes con nuestros valores individuales. Claro que **habrá valores que podremos ir modificando y mejorando, pero si desde el principio no están, debemos preguntarnos si seremos capaces de aceptar al otro tal como es**. Intentar cambiar la identidad de la otra persona para que se acerque a lo que yo quiero no debería ser una opción, al igual que no debería serlo abandonar mis valores fundamentales por adaptarme a los valores de la otra persona.

Si no puedo aceptar y querer a mi pareja con los valores que tiene, si necesito cambiar muchas cosas de su identidad porque siento normalmente insatisfacción con lo que recibo, quizá deba replantearme si esa relación es para mí. Al fin y al cabo, el problema de quedarnos en una relación en la que no se comparten valores es que, con tal de que siga adelante, terminamos siendo personas distintas.

Si no hay aceptación del otro
y la adaptación se da de forma unilateral,
no será posible un vínculo seguro.

Por ello, cuando hablamos de modificar valores nos referimos **a acercarnos el uno al otro, intentando llegar a puntos en común, no a cambiar nuestra identidad**.

LOS VALORES FUNDAMENTALES DE VUESTRA PAREJA

En el ejercicio anterior habéis pensado en vuestros valores fundamentales individuales. Ahora vamos a trabajar en la identidad de la pareja. Para esto expondremos una serie de valores fundamentales que están presentes en las relaciones adultas y jugaremos con ellos para ver en cuáles necesitaremos trabajar más a fondo.

Parte individual del ejercicio:

1. **En la página siguiente, ordena del 1 al 3 los valores que aparecen en la lista de abajo**, según la importancia que tengan para ti (1 equivale a máxima importancia; 3, a menor importancia). No pasa nada si hay más de uno que para ti ocupe el primer lugar, pueden coincidir.
2. En función de las acciones, **puntúa del 0 al 10 cuánto te representa a ti ese valor en el día a día.** Haz lo mismo con tu pareja y puntúalo. Vamos a considerar que un valor es representativo si está por encima del 8.

LISTA DE VALORES FUNDAMENTALES

Empatía: ponerse en el lugar del otro.
Priorización: poner al otro en una posición de importancia.
Esfuerzo: dedicación en lo que se quiere conseguir, a pesar de las dificultades.
Confianza: proporcionar apoyo y seguridad a los seres queridos.
Cariño: demostrar afecto físico o verbal.
Franqueza: ser sincero sin ocultar información relevante.
Sexualidad: disfrutar de las relaciones íntimas.
Vulnerabilidad: capacidad de abrirse emocionalmente a los demás.
Comunicación: expresar las necesidades y sentimientos.
Respeto: no cruzar límites físicos ni emocionales.
Ser resolutivo: ser flexible y buscar resolver los problemas.
Lealtad: comprometerse con los seres queridos y renunciar al engaño.
Diversión: saber disfrutar y pasarlo bien.
Perdonar: ser capaz de pedir perdón sin guardar rencor ni echarlo en cara.

NOMBRE:

Valor	Prioridad	Puntuación tuya	Puntuación suya

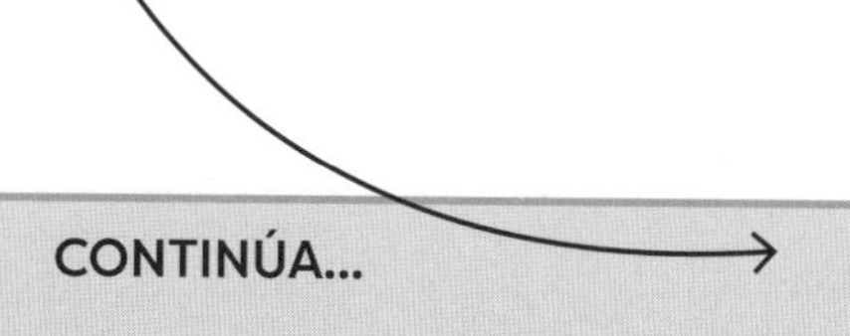

CONTINÚA...

LOS VALORES FUNDAMENTALES DE VUESTRA PAREJA

Parte común del ejercicio:

Un pequeño apunte: intentad no sentiros atacados por el otro si en un valor os da una puntuación más baja de lo que os gustaría. Estamos en modo equipo. Es decir, solo importa que si el otro no está satisfecho con uno de los valores, lo apuntemos para intentar mejorarlo. No es una lucha, es un partido de a dos en el que ganáis o perdéis los dos.

3. **Comentad el orden de prioridad** que les habéis dado a los valores. Observad las coincidencias y también las diferencias que puedan surgir.
4. Después, **analizad valor a valor.** Empezad por turnos, comentad la puntuación que os habéis puesto vosotros mismos y también la puntuación que os ha puesto el otro. Mirad la diferencia que existe. Si a pesar de la diferencia en ese valor seguís teniendo una puntuación de 8 o más, es que ambos creéis que es un valor que representa al otro. **Si no es así, poned un asterisco en ese valor.**
5. **Apuntad en una lista los valores que han salido como comunes** (porque ambos coincidís en que tenéis un 8 o más).
6. **Elaborad dos listas: los valores que cada uno debe mejorar y al lado la puntuación más baja** (da igual si yo me he dado un 9 en algún valor; si para mi pareja tengo un 6, será porque necesita ver más acciones de ese valor en concreto, y lo que importa es la satisfacción de ambos en un punto intermedio).

Valores comunes

Valores que hay que mejorar (miembro 1)

Valores que hay que mejorar (miembro 2)

¡Enhorabuena! De corazón, os queremos felicitar. Queremos parar y que sintáis que lo que estáis haciendo tiene un sentido. No es fácil mostrarse vulnerable, no es fácil poner el freno, no es fácil sentir emociones como el miedo, la tristeza o la rabia, y vosotros lo estáis haciendo. **Estáis trabajando en lo más importante, vuestra pareja, y eso merece una celebración.** Venga, ahora seguimos, solo queríamos hacer un alto en el camino para expresar lo felices que nos hace que ya vayáis por aquí.

¡A MEJORAR VALORES!

Una vez apuntados los valores que hay que mejorar de cada uno, vamos a ver cómo trabajar en ellos.

Como decíamos, los valores tienen que estar justificados por acciones; y si hay que mejorarlos, será porque faltan acciones, así que vamos a buscarlas.
Empezaremos por una de las dos listas. Tenemos apuntados los valores que han obtenido la puntuación más baja; ahora es el momento de pedirle a nuestra pareja que nos comunique una acción que le gustaría ver para incrementar dicha puntuación (es decir, para mejorar ese valor).
Teniendo esto en cuenta:

1. Apuntaremos al lado de cada valor la acción que nos ha comunicado nuestra pareja. Si estamos de acuerdo con esa acción, la llevaremos a cabo. Si no estamos de acuerdo, discutiremos un punto intermedio de alguna acción con la que estemos los dos de acuerdo.
2. Haremos esto con todos los valores que se hayan puntuado por debajo de 8, pero no empezaremos por todos a la vez. Comenzaremos por el valor de máxima prioridad para nuestra pareja e intentaremos cumplir con esa acción durante el tiempo que acordemos. Luego evaluaremos de nuevo la puntuación.
3. Al acabar el ejercicio, cada uno tendrá un valor con el que comenzar y una acción correspondiente que llevar a cabo.

Recordemos que **los resultados no son lo importante cuando hablamos de valores**. No son metas, así que lo relevante es el proceso, las acciones que se están intentando llevar a cabo. Y para eso es significativo que resaltemos y valoremos en nuestra pareja el simple hecho de estar intentándolo, aunque el

Valor que hay que mejorar	Acción propuesta por la pareja	Acción que hay que realizar (puede coincidir)
Respeto.	*Que no se hagan comentarios despectivos (como, por ejemplo, «qué tontita eres»).*	*Reconocer el error y pedir perdón en el momento.*

resultado no siempre sea el esperado. Los valores son direcciones, caminos. Los construimos día a día.

¡Os dejamos un registro para ir viendo cómo va la evolución de los valores y las acciones acordadas!

REGISTRO DE VALORES Y ACCIONES

Situación	Valor que hay que mejorar	¿Qué habría hecho normalmente?	Acción acordada con mi pareja
Me da rabia que mi pareja no me haya escuchado cuando le he contado una anécdota de mi día.	*Resolución de conflictos.*	*No decir nada y dejarlo pasar o mostrarme enfadado.*	*Comunicarle lo que me ha molestado.*

Y para terminar este apartado, os dejamos nuestros mandamientos de los valores:

- **Los valores solo van a mejorar si se ven como algo importante.** Si para mí la fidelidad no es un valor fundamental, no voy a poder implementar acciones que me lleven a que lo sea, porque simplemente no la considero relevante. Solo podremos mejorar o implementar aquellos valores que realmente queremos que formen parte de nuestra identidad individual o de la identidad de la pareja.

Dificultad (0-10)	¿Qué obstáculos he encontrado para poder realizar la acción acordada?	¿Llevo a cabo la acción? ¿Cuál es el resultado?
8	*Nervios, no saber cómo expresarme, miedo a discutir y a no entendernos.*	*Le expreso cómo me he sentido y me dice que lamenta no haberme escuchado. Los dos nos sentimos mejor.*

- **Los valores no se pueden criticar, son algo personal.** No está ni bien ni mal que la fidelidad, por ejemplo, sea un valor fundamental para alguien. Si no se coincide, habrá que ver hasta qué punto estamos dispuestos a tolerar la diferencia en ese valor en nuestra relación de pareja.
- **Estas acciones que acompañan a los valores deben ser una práctica habitual.**
- **Si muchos de los valores fundamentales no coinciden** y, además, no hay acciones suficientes que los acompañen, **es cuando entran en juego los límites**.

LÍMITES: HASTA DÓNDE PODEMOS LLEGAR

Llegamos a nuestra segunda parada: lo que **no se puede tocar** y hasta dónde estamos dispuestos a ceder. Los valores y los límites no se mantienen rígidos a lo largo del tiempo, muchos de ellos evolucionan o pueden cambiar. Pero no es lo mismo que se vean modificados a que se cambien de la noche a la mañana por «otra persona».

Esto es un mandamiento: **no existe una relación saludable sin límites**. Son como las cuerdas de una raqueta de tenis. Imaginaos jugar un partido con una raqueta sin cuerdas, sería frustrante, ¿verdad? O como los frenos de un coche: imaginad las consecuencias si no pudiéramos pulsar ese pedal o no reaccionase el coche al pisarlo. Son esas cuerdas, esos frenos o esos límites lo que hace que podamos disfrutar de una relación basada en el respeto y la seguridad.

Imaginad que tenéis a mano un juego de mesa que os gusta mucho (por sus reglas, sus valores, etc.) como, por ejemplo, el ajedrez. En ese momento llega vuestra pareja, os reta a una partida y aceptáis con gusto, pero de repente empieza a saltarse los turnos y a mover las fichas como quiere. Os reís tímidamente y tú le dices, con algo de enfado contenido, «venga, ahora en serio». Volvéis a colocar las fichas, y entre risas, vuelve a jugar como le apetece. Con muestras de ira ya aparentes le dices «basta ya, me he cansado de "tus normas". Respeta las reglas del juego para que sea divertido para ambos o paso de jugar».

Cuando las reglas no son comunes, al final el juego se transforma en todo lo contrario a pasar un buen rato. Entonces comienzan los enfados constantes, las malas caras, y todo ello producido por una desincronización en las reglas del juego. Cada uno juega con sus reglas sin entender las del otro y sin llegar a acuerdos sobre cómo jugar. Y en ese punto está el problema: muchas veces continuamos con la partida, a pesar de que se salten «nuestras reglas».

En los juegos y en los deportes puedes hacer faltas, pero si son repetidas o de intensidad elevada, la persona no puede seguir jugando porque se le expulsa.

En el marco de una pareja sucede lo mismo: debemos identificar y fijar nuestros límites para ver hasta dónde estamos dispuestos a ceder.

Recordad que sea cual sea nuestro límite, mientras esté razonado y parta de nuestros valores, es válido y tenemos derecho a expresarlo. Muchos límites no se expresan por miedo a cómo va a reaccionar la otra persona; pero, como decíamos antes, si la pareja es nuestro refugio seguro, no deberíamos tener miedo a expresar nuestros límites.

CONOCIENDO LOS LÍMITES

Ahora nos vamos a centrar en conocer las reglas del juego, cómo ponerlas en práctica con asertividad vendrá más adelante.

1. Poned orden a vuestros límites con el juego del parchís que presentamos a continuación. Si queréis, comenzad por los límites que consideréis más importantes, pueden ser tantos como queráis (nos hemos tomado la libertad de poner el número 1 a modo de ejemplo).
2. Una vez anotados en el centro del parchís, jugad con la A y responded a la pregunta; luego con la B, y así sucesivamente hasta hacer los cuatro caminos. Para cada límite, cada apartado se responderá una vez.

B

¿He comunicado mi límite previamente?

1. Sí, en más de tres ocasiones, pero de forma agresiva, y luego los dos entramos en un bucle.

A

¿Hasta dónde puedo o quiero ceder?

1. Si eleva el tono de voz, corresponde que, en primer lugar, sea consciente de ello, y que luego pida perdón.

LÍMITE

1. Que eleve el tono de voz al hablar.
2.
3.
4.
5.
6.
7.

C

En la actualidad, ¿ambas partes respetamos este límite? De no ser así, ¿por qué motivo?

1. No se respeta. Ambos terminamos gritándonos.

D

¿Qué se hace, o qué se podría hacer, para trabajar ese límite?

1. Abandonar la conversación hasta que la otra persona se regule emocionalmente o decir una palabra clave para que el otro sea consciente de que está gritando y que debe bajar su tono.

5
EL APEGO Y CÓMO NOS VINCULAMOS EN PAREJA

¿DE QUÉ HABLAMOS CUANDO HABLAMOS DE APEGO?

El apego. Vaya concepto más comentado, ¿verdad? Actualmente parece ser muy conocido a través de libros, redes sociales, conferencias... Pero, realmente, **¿tenemos claro qué significa?**, ¿cómo se origina? o ¿si todos los seres humanos tenemos apego?

Un día, mientras cenábamos con un amigo, estábamos hablando sobre este tema y de repente nos dijo: «Yo es que no tengo apego, y sinceramente creo que es lo mejor. Tener apego es lo peor, solamente sufres». Al ser el apego un concepto tan complejo, y teniendo en cuenta que la mayoría lo conoce por vídeos de un minuto en las redes sociales, a veces podemos confundir lo que realmente significa. Los psicólogos que divulgamos tratamos de condensar conceptos muy amplios en vídeos muy cortos para llegar a todo el mundo, y esto hace que a veces se simplifiquen demasiado las cosas (¡menos mal que tenemos los libros para ampliar la información!).

Todo ser humano tiene un sistema de apego. Es un sistema que existe en nuestro cerebro, como también existe el sistema de defensa, que es el que se activa cuando estamos en peligro de muerte o daño físico. Nadie podría vivir sin el sistema de apego. Los seres humanos nacemos indefensos y necesitamos que nos cuiden hasta una edad bastante elevada, y esto solo es posible gracias a que somos capaces de vincularnos a otras personas, en este caso a nuestros cuidadores. **Este sistema se encarga de que las personas reconozcamos que quienes nos cuidan (nuestras figuras de apego) estén accesibles y nos aporten seguridad.** Y este sistema no se apaga o desaparece cuando nos convertimos en adultos, sigue siendo igual de importante porque **los seres humanos somos sociales, y la necesidad de vincularnos es innata en nosotros**.

Así pues, contraponiendo a nuestro amigo, no, no es posible que no tengas un sistema de apego. Y no, la falta de apego no es lo mejor que te puede pasar. Lo que sí sucede es que **las personas aprendemos a vincularnos desde ese sistema de apego de distintas formas**. Existen diferentes estilos o estrategias que utilizamos en función de lo que aprendemos que nos viene mejor para seguir vinculados a nuestras figuras de apego. Estos diferentes estilos o estrategias muchas veces se mantienen desde la infancia hasta la edad adulta, y otras veces, por las distintas experiencias a las que nos enfrentamos, los vamos modificando.

¿CUÁLES SON LOS ESTILOS DE APEGO?

APEGO EVITATIVO

- He podido **aprender poco en la infancia sobre las emociones y no he podido encontrar apoyo emocional** al expresar cómo me sentía.
- He aprendido a vincularme desde la **supresión de las emociones** y a fingir que «todo está bien».
- **Me cuesta intimar en profundidad** con otras personas y vincularme de una forma real porque **no confío en la gente.**
- Por todo esto, **me cuesta el compromiso** y sentir que dependo de alguien o que dependen de mí.
- Suelo **huir de los conflictos** porque generan emociones a las que no me sé enfrentar.

APEGO ANSIOSO-AMBIVALENTE

- He podido aprender que en la infancia **me prestaban atención en determinadas condiciones** (cuando lloraba más de la cuenta o gritaba en exceso), y a veces encontraba apoyo emocional, pero otras veces no. Al no encontrarlo, quizá he sentido **rechazo o abandono emocional.**
- He aprendido a vincularme desde la **hiperactivación emocional**, sin saber gestionar cómo me siento y con mucha ansiedad ante las situaciones que no controlo.
- **Me cuesta encontrar satisfacción en la intimidad** porque siempre quiero más. **No confío en mí**, y eso hace que nunca me termine de creer que otra persona me quiera.
- **Interpreto constantemente las respuestas** de la otra persona, sopesando si hay, o podría haber en el futuro, un **posible rechazo o abandono.**
- Suelo buscar que **los conflictos se resuelvan al momento**, debido a la ansiedad que me generan.

CONTINÚA...

¿CUÁLES SON LOS ESTILOS DE APEGO?

APEGO SEGURO

- He podido **aprender a depender saludablemente** de mis cuidadores en la infancia, teniendo mi independencia, pero también recurriendo a ellos cuando lo sentía necesario.
- He aprendido a **vincularme desde mi propia gestión emocional**, pero también sé buscar apoyo en los demás.
- Soy capaz de **intimar en profundidad, confío en los demás y en mí.**
- **No me cuesta el compromiso.**
- **No huyo de los conflictos**, intento resolverlos desde la comprensión mutua.

APEGO DESORGANIZADO

- He podido aprender que en la infancia **mis cuidadores** eran, a la vez, **a quienes me debía vincular y de quienes me debía defender** (situaciones de maltrato).
- He aprendido a **vincularme** desde el no saber qué debo esperar de la otra persona, **desde el miedo y la confusión.**
- **No confío ni en mí ni en los demás**, y me cuesta intimar en profundidad.
- **Me comporto de forma impredecible**, quiero cariño y apoyo, pero al mismo tiempo me da miedo y huyo.
- **Me cuesta comprometerme** porque **acabo huyendo por el miedo** que me produce depender de otra persona y que pueda hacerme daño.
- **No sé gestionar los conflictos**, me asusto y tiendo a marcharme.

Estos son los **cuatro estilos de apego que existen** y que conocemos gracias a John Bowlby y Mary Ainsworth, los autores principales de la teoría del apego. Y como bien se puede encontrar en la bibliografía del psicólogo Manuel Hernández, podemos hablar de subtipos en el apego evitativo y en el apego ansioso que nos gustaría mencionar brevemente.

Apego evitativo

Ambos subtipos tienen la misma base: haber podido vivir en la infancia falta de apoyo emocional y necesidades no cubiertas y, por lo tanto, miedo al sufrimiento que supone enfrentarse a emociones desagradables. En función de con qué emociones se relacionan peor y de sus creencias, pueden ser de un tipo o de otro.

- **Apego evitativo dependiente:** en este subtipo, la evitación de las propias emociones se da a través del cuidado a los demás. Sus características son: rendimiento compulsivo e hiperproductividad, una gran sensación de culpa y necesidad de reparar, necesidad de sentirse útiles (cosa que solo sienten a través de hacer favores y cuidar las necesidades del resto), enorme preocupación por ser justos, búsqueda de aprobación, sensación de ser «defectuosos» y excesiva racionalidad sin tener en cuenta las emociones. Son personas que hacen lo que creen que se espera de ellas, ya que tienen la creencia de que se les quiere por lo que hacen y no por lo que son.
- **Apego evitativo controlador:** en este subtipo, la evitación de las propias emociones se da a través de la desconfianza general, del control del otro y de intentar a toda costa

no vincularse emocionalmente con nadie. Sus características son: no establecer relaciones de intimidad, necesidad de reconocimiento externo, falta de conexión emocional, desconfianza generalizada respecto a las intenciones del resto, sensación de que solo pueden contar con ellos mismos y acciones guiadas por intentar protegerse del sufrimiento. Son personas que tratan de protegerse de la vergüenza que sienten si son rechazadas, y para ello evitan crear vínculos profundos y de vulnerabilidad. Tienen la creencia de que no deben confiar en nadie y de que vincularse es sufrir. De este modo, controlan sus propias emociones y las relaciones que establecen a través de poner numerosos muros para evitar sentir aquello de lo que desean huir.

Apego ansioso

Ambos subtipos tienen la misma base: haber podido vivir en la infancia falta de coherencia en sus cuidadores principales. Probablemente no los sintieron como personas predecibles, y eso hacía que tuviesen que recurrir a conductas más extremas (como, por ejemplo, exagerar el llanto o gritar más de la cuenta) para llamar la atención. También puede ser que hayan observado esta forma de gestión en sus cuidadores o que hayan vivido en ambientes de mucha sobreprotección que les hacía sentirse poco útiles. Asimismo, es común en ambos el miedo al abandono, al rechazo y la falta de confianza en ellos mismos para sobrevivir en soledad.

- **Apego ansioso dependiente:** en este subtipo, la evitación del abandono y del rechazo se da mayoritariamente a través de conductas de sumisión y de mantenerse vinculado a la pareja a toda costa. Sus características son: buscar a figuras que los puedan cuidar, fingir mayor vulnerabilidad o indefensión para que se les preste más atención, culpar a los demás si no hacen lo que ellos esperan o necesitan, ser impulsivos en sus conductas al no tolerar la frustración y la ansiedad, pobre autoconcepto y baja autoestima. Son personas que se sienten defectuosas, poco valiosas y que creen que necesitan a alguien que los salve. No confían en ellos mismos y tienen la creencia de que deben fingir mayor fragilidad para ser protegidos.

- **Apego ansioso controlador:** en este subtipo, la evitación del abandono y del rechazo se da a través del control del otro. Sus características son: buscar figuras débiles con las que puedan sentir mayor ego, fingir vulnerabilidad para que los vean como víctimas, una autoestima muy baja y percibir el mundo como un lugar hostil del que defenderse. Son impulsivos y normalmente agresivos dentro de esa impulsividad, maltratan emocionalmente y en ocasiones también físicamente. Pueden ser sobreprotectores desde la agresividad con la pareja, y también pueden ser muy celosos. Son personas que sienten que los demás deben servirles, que no pueden confiar en nadie, que deben ser admirados y para ello deben fingir seguridad. Pero, al mismo tiempo, son personas con mucho miedo a estar solas y a ser abandonadas o rechazadas, por lo que lo controlan todo en las relaciones íntimas para evitar que eso pueda suceder.

Es posible que, tras leer todas estas características de los distintos estilos, os surjan algunas preguntas... ¿Y si no me identifico al cien por cien con ninguno? ¿Puede que haya tenido un estilo determinado en una relación y que luego haya cambiado? ¿Se mantiene siempre lo que se aprende en la infancia?

Es normal que no os identifiquéis con ninguno al cien por cien. **Los estilos de apego no son como el horóscopo**, que tenemos un tipo y sanseacabó. Como adultos, son tantas las experiencias por las que pasamos (relación con padres, amigos, compañeros, profesores, parejas...) que es muy difícil que cumplamos con todas las características de un solo estilo para todas nuestras relaciones. **No tenemos por qué mantener el estilo que hemos aprendido en la infancia**, ya que otras experiencias por las que hemos ido pasando han modificado nuestra forma de entender las relaciones y, por tanto, nuestra forma de vincularnos.

Por eso es importante hablar de **estrategias**. Las estrategias son acciones que emprendemos con un objetivo concreto, en este caso el objetivo de vincularnos a otra persona y no morir en el intento. De este modo, podemos haber tenido estrategias evitativas en una relación y tener estrategias ansiosas en la siguiente.

Las estrategias que utilizamos van a tener mucho que ver con quién nos relacionamos y qué activa en nosotros la persona con la que nos estamos relacionando.

¿QUÉ ESTRATEGIAS UTILIZÁIS VOSOTROS?

- Cada miembro de la pareja ha de marcar con un tic las estrategias que haya utilizado en la relación, uno en color rojo y otro en color azul.
- Comentad las estrategias que habéis marcado cada uno. ¿Por qué creéis que las habéis utilizado? ¿En qué situaciones reconocéis haberlo hecho?
- Quizá **vuestra pareja reconozca en vosotros estrategias que vosotros no reconocéis.** Intentad no poneros a la defensiva y simplemente preguntad cuándo han notado esa estrategia para poder trabajarla como equipo. A veces no notamos ciertas cosas que tenemos muy automatizadas y nuestra pareja puede ayudarnos a ver estrategias que quizá estén dañando la relación sin que nos demos cuenta.

ESTRATEGIAS EVITATIVAS

- ○ Huyo cuando hay conflicto.
- ○ Pongo barreras emocionales o físicas (no cuento ciertas cosas, separarme a veces de los abrazos o los besos, etc.).
- ○ No me comprometo del todo (no presento a mi familia o amigos, no concreto planes que sean a largo plazo por no saber si estaremos juntos, etc.).
- ○ Intento no hablar de temas emocionales.
- ○ Me asusto si veo que la otra persona depende de mí y me alejo (le doy largas, le digo que está siendo muy dependiente y que me agobia, etc.).
- ○ No me abro al cien por cien (oculto información relevante de mi vida o de relaciones anteriores, no cuento que estoy mal, etc.).
- ○ Cuando no me gusta algo de la otra persona quiero huir.
- ○ Si siento que pierdo independencia, me pongo a la defensiva.

CONTINÚA...

¿QUÉ ESTRATEGIAS UTILIZÁIS VOSOTROS?

ESTRATEGIAS ANSIOSAS

- ○ Insisto en resolver los conflictos al momento.
- ○ Le saco constantemente a mi pareja temas emocionales de los que hablar para sentir que realmente conectamos.
- ○ Pienso permanentemente en mi pareja, y si tenemos algún conflicto presente, no soy capaz de concentrarme en otra cosa.
- ○ Olvido mis parcelas individuales, solo quiero estar con mi pareja porque es quien me hace feliz.
- ○ Expreso a menudo mi necesidad de sentirlo físicamente muy cerca; solo eso disipa la ansiedad que puedo llegar a sentir si percibo señales de que algo va mal en la relación.
- ○ Infravaloro mis propias cualidades y capacidades y sobrestimo las de mi pareja.
- ○ A menudo tengo conductas de protesta para llamar su atención (intentos desmesurados por restablecer el contacto, como llamadas y mensajes demasiado frecuentes; me siento en silencio y finjo enfado para que el otro me pregunte; calculo cada movimiento, como, por ejemplo, «tú no me respondes mi llamada, entonces yo no te respondo el mensaje»; actúo con hostilidad, etc.).

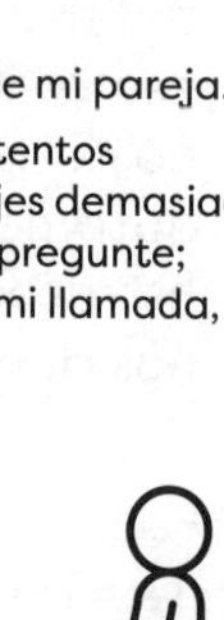

ESTRATEGIAS SEGURAS

- ○ Resuelvo los conflictos de forma asertiva.
- ○ Me abro emocionalmente y hablo de lo que es importante para mí.
- ○ Me comprometo al cien por cien, confío en el otro, hago planes a largo plazo, le permito entrar en mi vida.
- ○ Hablo de temas emocionales, tanto suyos como míos, sin problema.
- ○ Cuando no me gusta algo de la otra persona, nos sentamos y lo conversamos.
- ○ Soy capaz de depender de la otra persona, no me da miedo «perder independencia»; mantengo mis espacios pero con naturalidad.
- ○ Si veo que la otra persona depende de mí, no me asusto, lo entiendo como algo natural; y si lo necesita, la ayudo a ganar autonomía.
- ○ Intento ser siempre un refugio seguro para mi pareja.

ESTRATEGIAS DESORGANIZADAS

- ○ A veces mantengo estrategias ansiosas, y otras, evitativas.
- ○ Me comporto de forma bastante impredecible.
- ○ Si veo cualquier indicio de que me pueden hacer daño, me alejo (aunque el indicio no sea real).
- ○ Suelo vivir la relación desde el miedo y la desconfianza total.

Estas estrategias no aparecen de la nada; como decíamos, surgen para conseguir el objetivo de vincularnos con éxito, con lo cual **utilizamos unas estrategias u otras en función de las creencias que tenemos acerca de las relaciones**. Las creencias no siempre son algo real, son aquello que nos contamos a nosotros mismos para explicar mejor el mundo e intentar predecirlo. La mayoría son aprendidas, muchas veces no hemos reflexionado sobre ellas y nos pueden estar haciendo daño, tanto a nosotros como a nuestra relación.

Así que toca preguntarse… **¿Qué tipo de creencias tenemos detrás de nuestras estrategias de apego?**

¿QUÉ CREENCIAS TENÉIS VOSOTROS?

- Cada miembro de la pareja ha de marcar con un tic las creencias que haya tenido en la relación (quizá al comienzo) o que tenga actualmente, uno en color rojo y otro en color azul.
- **Comentad las creencias que habéis marcado cada uno.** ¿Creéis que son correctas? Intentad debatir juntos esas creencias, que muchas veces pueden ser irracionales, y si queréis, utilizad para ello **el ejercicio que hicimos acerca de los errores del pensamiento en las relaciones.**
- **Analizad de dónde pueden provenir esas creencias.** Quizá es algo aprendido en la familia, en relaciones de pareja anteriores, etc.

CONTINÚA…

¿QUÉ CREENCIAS TENÉIS VOSOTROS?

CREENCIAS EVITATIVAS

- ○ Las relaciones deben ser perfectas todo el tiempo.
- ○ Si la relación funciona, no hace falta hablar de nada emocional, solo hay que divertirse y tener buenos momentos.
- ○ Si empiezo a depender de la otra persona, pierdo mi autonomía y mis parcelas individuales.
- ○ Si me abro emocionalmente, la otra persona tendrá con qué hacerme daño.
- ○ Cada uno debe encargarse de sus emociones desagradables, los demás están para compartir lo positivo.
- ○ Si de verdad quiero a la otra persona, no habrá nada en ella que me disguste.
- ○ Los conflictos no sirven para nada, no quiero sentirme incómodo, prefiero irme.
- ○ Quiero comprometerme, pero al mismo tiempo me agobia; solo me siento en un espacio seguro cuando estoy a solas.

CREENCIAS ANSIOSAS

- ○ Para sentir la relación como segura debe haber intimidad, pasión y muestras de cariño constantes.
- ○ Si me hago indispensable para el otro consigo que me necesite, nunca me dejará.
- ○ Si realmente quieres a tu pareja, querrás estar con ella todo el tiempo, no harán falta parcelas individuales.
- ○ No sabría vivir sin mi pareja. Soy feliz gracias a que está conmigo, es la persona perfecta (dependencia e idealización).
- ○ Si mi pareja me quiere como yo la quiero, sabrá lo que necesito sin que se lo diga.
- ○ Si no hay confirmación constante de que me sigue queriendo, significa que algo va mal.
- ○ Debo llamar su atención de algún modo para mantener vivo el cariño y el interés (más intimidad, hacer lo que me pida, conductas de protesta, etc.).
- ○ Si no arreglamos los conflictos al momento, significa que me va a dejar o que ya no me quiere.

¿QUÉ CREENCIAS TENÉIS VOSOTROS?

CREENCIAS SEGURAS

- Las relaciones no son perfectas, hay que trabajar en ellas.
- Aunque la relación funcione, hay que hablar de cómo nos sentimos. Es parte de la intimidad.
- Puedo mantener mis parcelas individuales y a la vez depender saludablemente.
- Puedo confiar en los demás, no tienen por qué hacerme daño, y si lo hacen, no es mi culpa.
- Sé que no me puede gustar todo de la otra persona, habrá cosas que me gusten más y cosas que me gusten menos.
- Los conflictos nos ayudan a avanzar cuando los resolvemos juntos.
- El compromiso es necesario en una relación saludable.
- Las relaciones son un espacio seguro en el que puedo abrirme sin miedo.

CREENCIAS DESORGANIZADAS

- La misma persona que te dice que te quiere te puede hacer daño.
- No puedo confiar en los demás.
- Las relaciones nunca son un espacio seguro en el que pueda abrirme sin miedo.
- En las relaciones hay que mantenerse siempre en alerta, no te puedes relajar.
- Si no quieres sufrir, no debes depender de nadie que no seas tú.

Zona de peligro versus zona de seguridad

Como decíamos antes, las estrategias de apego que solemos activar con mayor frecuencia dependen principalmente de dos aspectos: **nuestras creencias sobre las relaciones, y las accio-**

nes y estrategias que siga la persona con la que nos estamos relacionando. Todo lo que hemos vivido en nuestra infancia, y lo genético que podamos traer de serie, se va a traducir en las creencias que tenemos actualmente sobre lo que significan las relaciones. Si son o no son un lugar seguro, si puedo confiar o debo esperarme lo peor, si puedo abrirme y depender o si eso es peligroso, etc. Por otro lado, las acciones y estrategias que siga la otra persona van a marcar que nos sintamos en nuestra zona de seguridad o en nuestra zona de peligro, activando o no ciertas estrategias.

El sistema de apego y el sistema de defensa no están activados todo el tiempo. El sistema de defensa se activa cuando hay riesgo de muerte o de daño físico, si eso no sucede, está tranquilito, desactivado. Con el sistema de apego pasa igual: se activa cuando nos sentimos en zona de peligro, emocionalmente hablando. **Decimos que entramos en zona de peligro cuando sentimos que nuestra figura de apego no nos ofrece la seguridad que necesitamos.** Y esta zona será diferente según cuáles sean nuestros aprendizajes.

Zona de peligro versus zona de seguridad en el estilo ansioso

Las personas con creencias y estrategias propias del estilo ansioso se caracterizan principalmente por el **miedo al rechazo y al abandono**. Esto provoca que su sistema de apego sea hipersensible a cualquier señal que pueda significar que la pareja ya no la quiere tanto como antes, o que se ha cansado y desea terminar la relación. Por eso, su zona de peligro siempre se va a mover en ese ámbito, y **lo que la activará serán en su mayoría las señales de evita-**

ción, rechazo, abandono o la falta de compromiso y de intimidad. En esta zona tenderán a realizar conductas de protesta para volver a tener contacto con la pareja y recuperar su atención, tratando de regresar así a su zona de seguridad.

Si eres una persona que tiende a las creencias y estrategias propias de este estilo, tu objetivo debe ser comunicar que te encuentras en la zona de peligro y lo que estás pensando y sintiendo, de cara a que tu pareja te pueda aportar la tranquilidad y seguridad que estás necesitando. Si eres la pareja de una persona con estas creencias y estrategias, tu objetivo debe ser aportarle la accesibilidad, disponibilidad y seguridad que necesita para volver a esa zona de seguridad cuando aparezcan las posibles señales de alarma.

IDENTIFICAD LA ZONA DE PELIGRO Y LA ZONA DE SEGURIDAD DENTRO DEL APEGO ANSIOSO

- Marcad con un tic aquellas acciones que os muevan a la zona de peligro, siendo esa la zona en la que sentís mayor ansiedad.
- Podéis añadir otras acciones o conductas más concretas que tengan lugar en vuestra pareja y que os hagan sentir en esa zona de peligro (y podéis hacer lo mismo con la zona de seguridad, añadiendo aquello que creáis que os haría sentir mayor tranquilidad cuando aumenta la inquietud).

CONTINÚA...

IDENTIFICAD LA ZONA DE PELIGRO Y LA ZONA DE SEGURIDAD DENTRO DEL APEGO ANSIOSO

- Después, sentaos y comentad cuáles son vuestras zonas de peligro y seguridad y qué las activa. Recordad siempre que este es un trabajo constante, y cada vez que os encontréis en zona de peligro tratad de recordárselo al otro desde el cariño y el concepto equipo.

- Que mi pareja evite hablar de un conflicto que hemos tenido.
- Que mi pareja me retire la palabra, me cuelgue o no responda sin dar explicaciones.
- Que mi pareja me mande señales confusas.
- Que mi pareja me diga frases como «estoy harto», «estoy cansado» o «no puedo más» cuando discutimos.
- Que mi pareja me ponga alguna barrera física o emocional.
- Que no haya intimidad o cercanía.
- Cualquier signo que se pueda interpretar como rechazo o posible abandono.
- No tener claro que te quieren y el lugar que ocupas en la relación.

- Tener cercanía e intimidad buscada por ambas partes.
- Poder comunicarnos para abordar los conflictos, teniendo claro que un problema no significa rechazo ni abandono.
- Sentir que te quiere y te cuidan.
- Saber exactamente el lugar que ocupas en la relación, sentir que tu pareja te prioriza.
- Que no traten de alejarte y te manden mensajes tranquilizadores cuando puedas sentir mayor inquietud.
- Que tu pareja exprese sus sentimientos y que sea palpable el compromiso de ambos respecto a la relación.

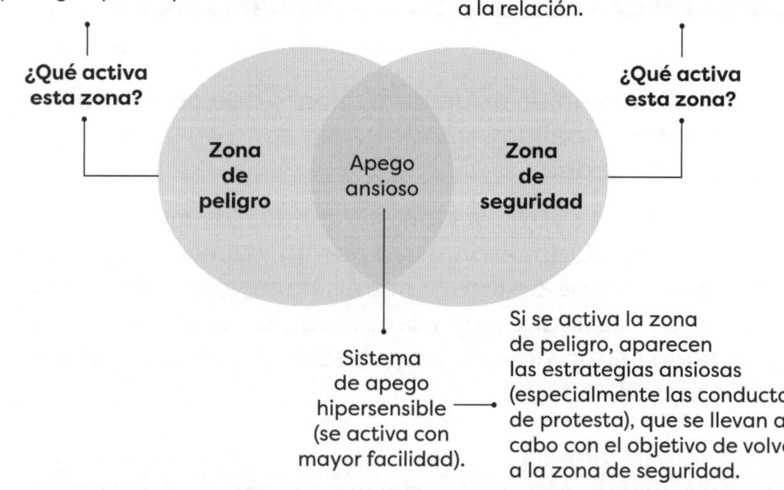

Zona de peligro versus zona de seguridad en el estilo evitativo

El sistema de apego de las personas con creencias y estrategias del estilo evitativo suele estar hipoactivado, porque a menudo se empeñan en **suprimir sus necesidades de apego**. Su zona de peligro siempre se va a mover entre sentir que están perdiendo independencia y la presión de abrirse emocionalmente, confiar y tener que intimar en profundidad con la pareja. En esta zona tenderán a realizar conductas de desactivación para volver a tener su independencia y su «no vulnerabilidad», es decir, meterse de nuevo en su caparazón.

Estas conductas están relacionadas con huir de la responsabilidad afectiva que supone una relación y alejarse de la pareja.

Si eres una persona que tiende a creencias y estrategias propias de este estilo, tu objetivo debe ser comunicar que te encuentras en la zona de peligro y lo que estás pensando y sintiendo, de cara a que tu pareja te pueda ayudar a entender que no te está quitando independencia y que te pueda guiar por el camino de abrirte e intimar en profundidad con confianza y seguridad en la otra persona. Si eres la pareja de una persona con estas creencias y estrategias, tu objetivo será hacerle entender que intimar y ser vulnerable es necesario en una pareja saludable, y tratar de guiarle por ese camino con cariño y no desde el juicio.

IDENTIFICANDO LA ZONA DE PELIGRO Y LA ZONA DE SEGURIDAD DENTRO DEL APEGO EVITATIVO

- Marcad con un tic aquellas acciones que os muevan a la zona de peligro, siendo esa la zona en la que sentís mayor ansiedad.
- Podéis añadir otras acciones o conductas más concretas que tengan lugar en vuestra pareja y que os hagan sentir en esa zona de peligro (y podéis hacer lo mismo con la zona de seguridad, añadiendo aquello que creáis que os haría sentir mayor tranquilidad cuando aumenta la inquietud).
- Después, sentaos y comentad cuáles son vuestras zonas de peligro y seguridad y qué las activa. Recordad siempre que este es un trabajo constante, y cada vez que os encontréis en zona de peligro tratad de recordárselo al otro desde el cariño y el concepto equipo.

IDENTIFICANDO LA ZONA DE PELIGRO Y LA ZONA DE SEGURIDAD DENTRO DEL APEGO EVITATIVO

- Sentir que mi pareja depende de mí y que no es suficientemente autónoma.
- Sentir que yo estoy dependiendo de mi pareja.
- Sentirme vulnerable o demasiado expuesto.
- Sentirme presionado por mi pareja en cualquier ámbito.
- Tener conflictos que me enfrenten a una conversación profunda en pareja.
- Demasiada proximidad física o muestras de amor.
- Cualquier signo de que puedo perder independencia (que me proponga muchos planes o viajes, que me hable de compromisos a futuro o actividades muy planificadas, aun sin mi opinión, etc.).
- Que me pida confirmación sobre nuestra relación o sobre lo que siento.

- Sentir que se respetan los tiempos que necesito para pensar antes de afrontar un conflicto.
- Sentirme comprendido y escuchado respecto a lo que necesito.
- Sentir que mi pareja entiende mis dificultades emocionales y que me ayuda en lugar de juzgarme.
- Sentir que se respetan mis parcelas individuales.
- Sentir que se me pide opinión y que no se planifican cosas sin contar conmigo.
- Que mi pareja me comunique sus necesidades en lugar de esperar a que yo las adivine.
- Sentir que mi pareja sabe ser autónoma.

En la imagen no hemos incluido la zona de peligro y seguridad del apego desorganizado porque al ser tan impredecible puede ir cambiando, y puede ser tanto la zona de peligro del apego ansioso como la del evitativo (e igual con las zonas de seguridad). Ante un apego desorganizado será imprescindible rebuscar en la historia personal para ver qué acciones de la pareja activan la zona de peligro y de seguridad. Sucede lo mismo con los subtipos del apego evitativo y ansioso. Para todos estos estilos y subtipos será importante descifrar estas zonas de manera individualizada.

INTERACCIONES ENTRE DISTINTOS ESTILOS Y ESTRATEGIAS

Un mismo individuo puede llevar a cabo estrategias de distintos estilos según la situación y la persona. Sin embargo, si mi pareja suele cumplir más con una estrategia y yo con la opuesta, ¿cuál es la solución?

Si mi zona de seguridad es su zona de peligro y viceversa, ¿qué podemos hacer?

Apego ansioso y apego evitativo

Nos vamos a centrar en la interacción entre el apego ansioso y el apego evitativo por ser la más común. Si no tenéis un estilo seguro, por falta de educación emocional o distintas experiencias en vuestras relaciones, no os preocupéis. **Los estilos y las estrategias son plásticos, lo que significa que se pueden cambiar.** Podéis aprender a tener estrategias seguras, no estáis condenados a lo contrario, pero si tenéis una tendencia muy fuerte hacia algún estilo en concreto, tendréis que esforzaros de forma más constante para modificarlo.

INTERACCIÓN HABITUAL: ESTILO ANSIOSO Y ESTILO EVITATIVO

Personas con estrategias evitativas		**Personas con estrategias ansiosas**
Envían señales confusas y no suelen dejar las cosas claras.	→	Necesitan claridad y estar seguras de lo que sienten por ellas.
No terminan de comprometerse y ponen excusas.	→	La falta de compromiso e intimidad aumenta su ansiedad.
Suelen evitar el contacto físico y la conexión emocional profunda.	→	Piden constantemente contacto físico y conexión emocional profunda como confirmación de que todo va bien.
Necesitan mucho espacio frente a los conflictos; de hecho, intentan evitarlos.	→	No solucionar rápidamente los conflictos aumenta su ansiedad.

Centrándonos solo en las características más globales ya podemos apreciar lo diferentes que son estas personas a la hora de vincularse. Pero no queremos solamente presentaros el problema, queremos mostraros la manera de trabajarlo y dirigiros hacia unas estrategias más seguras.

CONTINÚA...

INTERACCIÓN HABITUAL: ESTILO ANSIOSO Y ESTILO EVITATIVO

Personas con estrategias evitativas	Estrategias seguras	Personas con estrategias ansiosas
Envían señales confusas y no suelen dejar las cosas claras. →	Me hago responsable de mis emociones y de las de mi pareja; soy claro comunicando mis necesidades.	← Necesitan claridad y estar seguras de lo que sienten por ellas.
No terminan de comprometerse y ponen excusas. →	Entiendo que una relación de pareja necesita de compromiso e intimidad, pero también de parcelas individuales.	← La falta de compromiso e intimidad aumenta su ansiedad.
Suelen evitar el contacto físico y la conexión emocional profunda. →	Entiendo que el contacto físico y la conexión emocional es importante, pero no necesito diariamente una confirmación de que todo va bien. Puedo confiar en la relación y también en mí.	← Piden constantemente contacto físico y conexión emocional profunda como confirmación de que todo va bien.
Necesitan mucho espacio frente a los conflictos; de hecho, intentan evitarlos. →	Intento resolver los conflictos poniendo sobre la mesa los dos puntos de vista y procuro que nos acerquemos.	← No solucionar rápidamente los conflictos aumenta su ansiedad.

Está claro que, si venimos de estrategias opuestas, la relación va a llevar el doble o el triple de esfuerzo, simplemente por el hecho de que activamos las zonas de peligro del otro. Sin embargo, que implique esfuerzo no significa que sea imposible. Ambos vamos a tener que trabajar en nosotros para utilizar cada vez estrategias más seguras. Esto lo conseguiremos a través de comprender las estrategias utilizadas. **Muchas veces no seremos capaces de hacerlo desde el autoconocimiento, por la complejidad que requiere, y necesitaremos ayuda profesional para identificar, guiar y modificar esas estrategias.** Es imposible que podamos tener una relación saludable y segura si mantenemos estrategias evitativas o ansiosas **y no lo reconocemos. En el reconocimiento de nuestras estrategias comienza todo**, para después poder transitar juntos hacia un vínculo más seguro.

Veamos un ejemplo sobre reconocer estrategias inseguras y transitar hacia otras más seguras.

Imaginad que Alba ha ido a trabajar y ha tenido un día horrible en el trabajo. Alba es una chica que suele mantener estrategias evitativas, que entiende que en las relaciones solamente se debe compartir lo positivo y que los conflictos y problemas se los debe gestionar cada uno como pueda, al menos eso es lo que ha aprendido a lo largo de su vida. No quiere conectar emocionalmente con su pareja, porque piensa que eso aportaría negatividad a la relación, y además cree que ella sabe controlar sus emociones y que hablar de ellas serviría para lo contrario. Pero Alba está leyendo este libro, porque precisamente quiere aprender a tener estrategias más seguras. Por ello, sigue este esquema de tres preguntas.

HACIA UN APEGO SEGURO (LAS TRES PREGUNTAS)

¿Cómo se vería el ejercicio de las tres preguntas en el ejemplo de Alba?

¿QUÉ ESTÁ PASANDO?

Estoy triste y huyo de conectar emocionalmente con mi pareja; la alejo de mí.

¿Qué tipo de estrategia estoy utilizando?

Una estrategia evitativa. No quiero hablar de cosas negativas, porque no me siento a gusto con temas emocionales y huyo de conectar con mi pareja, lo cual la aleja (y además piensa que es su culpa).

¿Cómo creo que sería una estrategia segura en este caso?

Comunicando cómo me siento y buscando en mi pareja ese refugio donde puedo expresar mis emociones.

¿Soy capaz de expresar lo que me pasa? ¿Puedo encontrar un punto intermedio?

Quizá aún no me veo capaz de expresar mis emociones, pero sí podría comunicarle precisamente eso, que me cuesta expresarlas y que necesito su ayuda.

Utilizad estas tres preguntas cuando identifiquéis que estáis usando alguna estrategia que no sea segura. Si reconocéis lo que está pasando y la estrategia que estáis utilizando, os resultará mucho más fácil pensar en una estrategia segura alternativa y ver hasta dónde podéis llegar ahora mismo para transitar hacia ese apego seguro.

Nuestras estrategias de vinculación, nuestro estilo de apego, constituyen algo sumamente complejo que guía de una manera evidente e innegable nuestras interacciones en la relación de pareja. Sin embargo, no hay nada malo en nosotros por tener estilos de vinculación inseguros. No es nuestra culpa, ni seguramente culpa de nuestros padres, que, salvo casos excepcionales, lo hicieron lo mejor que pudieron. Son muchas las variables que influyen en que desarrollemos un estilo de vinculación inseguro, y muchas las experiencias que lo confirman y que nos hacen seguir utilizando esas estrategias.

Dentro de lo posible, apartad la culpa si queréis trabajar sobre esto. Es importante que no os juzguéis el uno al otro y que intentéis comprender vuestras zonas de seguridad y de peligro para apoyaros e intentar acercaros con empatía, paciencia y trabajo a un vínculo seguro.

6
LA MOCHILA QUE LLEVAMOS ENCIMA

¿A QUÉ NOS REFERIMOS CON «NUESTRA MOCHILA»?

Las experiencias que vamos viviendo a lo largo de nuestra vida se van acumulando en una mochila que portamos a la espalda (metafóricamente hablando, claro). Recuerdos agradables, momentos inolvidables y también otros desagradables o incluso traumáticos. Tanto unos como otros nos enseñan y van formando nuestras creencias sobre el mundo y también nuestra manera de ser y de reaccionar ante lo que nos va sucediendo.

El problema viene cuando en la mochila se van introduciendo piedras. **Esas piedras son recuerdos desagradables o traumáticos, mal procesados o no integrados**, que nos hacen cargar pesos muertos y, por otro lado, **moldean nuestra manera de pensar, de sentir y de actuar**. Sean de un tamaño u otro, todos llevamos piedras.

Soltar esas piedras implica vivir un proceso complicado y doloroso, analizar los aprendizajes que nos han dejado y cambiar las estrategias a las que nos hemos acostumbrado durante mucho tiempo. Y esto en la mayoría de los casos resulta imposible sin un proceso terapéutico. En ningún caso podemos pensar que se trata de un proceso fácil que solo requiere voluntad, cosa que puede suceder cuando carecemos de empatía.

El primer paso es reconocerlas. Quizá nuestra familia nos haya puesto en ese rol «cuidador» y hayamos aprendido a priorizar al resto y olvidarnos de nosotros. Quizá una expareja nos haya engañado en repetidas ocasiones y ahora una piedra sea la desconfianza al iniciar nuevas relaciones. Quizá un grupo de amigas de la infancia nos mandaba constantes mensajes de no ser parte del grupo y ahora cargamos con la piedra de no sentirnos suficientes.

Es fundamental **no juzgar nuestras piedras. Ya cargamos con ellas, por lo que debemos aprender a valorar el peso que hemos llevado hasta ahora.** Es en el presente desde donde tengo que trabajar en identificar la piedra y ver cómo puedo reducir su tamaño e ir soltando poco a poco.

Ahora bien, **¿es responsabilidad de mi pareja las piedras que cargo?**

No, no es su responsabilidad. Nuestra pareja también tiene las suyas, pero, siendo un equipo, se trata de una carga que podemos compartir. Imagínate haciendo una ruta de montaña con tu pareja. No es que tu pareja vaya a cargar con dos mochilas, pero sí que puede sostenerla en momentos en los que sientas que necesitas ayuda o un descanso, igual que puedes hacerlo tú. **Esto es el concepto equipo: no es responsabilidad, es carga compartida, es conocernos para ver cómo nos podemos ayudar.** Lo que nunca debemos permitir es que se critiquen nuestras piedras, ni criticar nosotros las piedras que lleva nuestra pareja. A veces, por desconocimiento, podemos echar más peso en la mochila del otro, haciéndole sentir que es culpa suya seguir cargando con esas piedras. Como el que se tira toda la ruta que dura el sendero recriminando a la pareja lo cargada que lleva la mochila (que si lleva demasiada comida, que si debería haberse dejado los dos litros de agua...), imaginaos el viajecito.

NUESTRAS PIEDRAS

Ha llegado el momento de identificar nuestras piedras, organizar nuestra mochila y entender qué cosas estamos cargando. Para identificarlas mejor, dejamos aquí una pequeña guía para que podáis rebuscar en vuestras mochilas individuales, encontrar esas piedras y pensar en torno a ellas.

1. **¿Qué heridas te provocaron en el pasado** que te hacen actuar de forma automática y desmedida hoy en día? (Por ejemplo: mi pareja anterior me castigaba sin hablarme cuando se enfadaba, y eso hace que hoy, cuando mi pareja no me habla tanto, yo piense que le pasa algo).
2. **¿Qué aprendizajes o hábitos poco funcionales** has interiorizado y aún arrastras? (Por ejemplo: en mi casa nunca se ha hablado de emociones porque se veía como una debilidad, así que en momentos de intimidad emocional en los que tengo que abrirme tiendo a irme o a fingir que estoy bien).

CONTINÚA...

NUESTRAS PIEDRAS

3. **Piensa en situaciones que no puedes controlar porque te provocan una emoción desmedida por algún acontecimiento del pasado** (por ejemplo: discutir me resulta insoportable, porque es un aprendizaje de casa, y cuando hay conflictos en pareja, salto y me pongo a la defensiva).

A continuación, cada uno debe elaborar una lista escribiendo las piedras que carga en su mochila.

Ahora, veamos un ejemplo de una piedra, y de cómo analizarla, para llegar a formas funcionales de compartir la carga de nuestra mochila con nuestra pareja.

A Laura le cuesta mucho hablar de lo que le molesta con Álex, su pareja. Es una piedra que carga en su mochila, porque en su primera relación de pareja solía hablar de todo lo que le molestaba o preocupaba y lo que recibía era un castigo. En ese caso, el castigo era que su pareja directamente dejaba la relación, aunque luego siempre terminaban volviendo. Así, Laura aprendió que hablar de lo que le molestaba traía consecuencias negativas. Ahora le afecta en su vida en pareja, porque cuando algo le molesta se lo calla durante mucho tiempo, hasta que termina explotando. Por eso necesita sentir que comunicar un conflicto no supondrá el fin de la relación. Analizando esta piedra, Laura y Álex podrán llegar a un acuerdo para compartir la carga de la forma más adaptativa y así lograr el bienestar mutuo.

NUESTRAS PIEDRAS

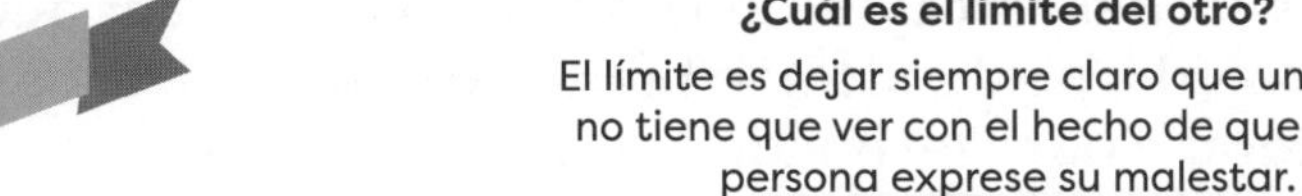

¿Cuál es el límite del otro?

El límite es dejar siempre claro que un enfado no tiene que ver con el hecho de que la otra persona exprese su malestar.

¿Cómo me puede ayudar mi pareja?

Recordándome que, si algo me molesta, puedo decirlo sin problema, haciéndome ver que ese es un lugar seguro.

¿Qué puedo hacer yo?

Ir a terapia y trabajar en mí. Aprender a comunicar mis necesidades, emociones y opiniones.

¿Cómo te afecta en tu vida en pareja?

Me afecta porque no expreso lo que me molesta, pues pienso que, si lo digo, la relación se va a terminar.

¿Por qué surgió?

Porque cuando yo decía algo que me molestaba, mi pareja de ese entonces me dejaba, haciéndome ver que hablar de un tema conflictivo era el fin de la relación.

¿Cuándo surgió esa piedra?

En mi primera relación.

¿Cuál es mi piedra?

No hablar de lo que me molesta.

CONTINÚA...

NUESTRAS PIEDRAS

Ahora sí, os toca a vosotros. Con las listas individuales que habéis realizado, poniendo nombres a vuestras mochilas, analizad cada piedra respondiendo a las preguntas del ejemplo anterior. El «dueño» de las piedras deberá responder a las preguntas en azul, y la pareja deberá abordar la pregunta en naranja, para de ese modo llegar a un consenso sobre cómo ayudar a la pareja con las piedras que está cargando. Recordad que sois un equipo. No podéis quitarle la piedra al otro, pero sí ayudar a que sostenerla no sea algo tan tedioso.

¡¡¡Atención, cuidado!!! Este ejercicio es un **trabajo de puro amor, de respeto y de cariño por el otro**. Nos estamos desnudando, mostrando nuestras heridas, las feas, las que nos duelen y nos avergüenzan. Si esto se usa en nuestra contra, si se invalida o utiliza para juzgarnos ahora o en futuras conversaciones, estamos rompiendo uno de los pilares de una relación funcional y saludable. **No es lo mismo hacer algo mal sin conocimiento que ser reincidente teniendo información al respecto.**

(Un apunte importante: no se puede compartir la carga de la mochila con personas que enuncian frases como «qué marrón, eso es cosa tuya»; «por qué tengo que hacer yo esto cuando el problema es tuyo»; «siempre con tus movidas, no eres normal», etc. Eso no es un equipo, eso es agrandar la piedra, y no nos lleva a caminar juntos. Más adelante veremos la empatía y la validación y cómo trabajar este aspecto).

Para trabajar estas piedras lo más recomendable es, desde luego, un proceso terapéutico, dado que, si siguen ahí, quiere decir que por nosotros mismos no somos capaces de sacarlas o identificarlas, lo cual requiere de herramientas psicológicas más precisas.

**Y no pasa nada,
en la vida es bueno saber pedir ayuda.**

Lo que hacemos en este ejercicio no es eliminarlas de golpe, es repartir la carga y tratar de reducir su tamaño, en este caso con ayuda de la pareja.

7
TRABAJANDO NUESTRO MUNDO EMOCIONAL

Como ya hemos comentado, diferentes estudios nos muestran que las relaciones que resultan satisfactorias a largo plazo son aquellas en las que encontramos un vínculo seguro. **Como nos confirman estudios como el de Mónaco, lo que caracteriza a estas relaciones son unas altas competencias emocionales, es decir, que las personas que forman el vínculo sean capaces de identificar, percibir, comprender, validar y regular las emociones en pareja.** Por esto, como queremos que podáis acercaros cada vez más a ese deseado vínculo seguro, trabajar nuestras emociones es una de las tareas más prioritarias.

Para trabajar las emociones vamos a hacerlo en tres paradas:

1. Identificación y comunicación de emociones en pareja.
2. Validación emocional en pareja.
3. Regulación emocional en pareja.

El orden es importante. No podremos regular una emoción que no haya sido previamente identificada y validada. Así que... ¡vamos a por ello!

IDENTIFICACIÓN Y COMUNICACIÓN DE EMOCIONES EN PAREJA

Son incontables las veces que, sin darnos cuenta, son nuestras emociones las que deciden por nosotros y nos llevan a actuar de un modo u otro. **Las emociones son la manera natural en la que las personas reaccionamos a lo que sucede a nuestro alrededor.** Son mecanismos que nos permiten adaptarnos, evaluar el entorno y movilizarnos para realizar los cambios necesarios. Son grandes informadoras, por lo que sin ellas estaríamos realmente perdidos.

En líneas generales, podemos dividir las emociones en desagradables y agradables.

Las emociones constituyen uno de los aspectos más difíciles de trabajar porque crecemos con poco conocimiento sobre cómo relacionarnos con ellas. Solemos ver nuestras emociones como unas compañeras de viaje molestas a las que hay que, o bien silenciar, o bien dejar que tomen el control, y eso es un error. **Nuestras emociones nos pueden aportar mucho si aprendemos a convivir con ellas y a equilibrarlas**, procurando verlas como grandes informadoras pero no como poseedoras de la verdad absoluta.

FUNCIÓN DE LAS EMOCIONES

Las emociones siempre tienen una función: nos informan sobre algo, ayudan a que nos adaptemos a nuevas situaciones, nos movilizan a la acción o a conectar con los demás desde un punto de vista social.

Emociones agradables

Nos dan información sobre qué experiencias, relaciones o acontecimientos nos están gustando de nuestro entorno; por lo tanto, nos informan de lo que no hace falta que cambiemos. También nos ayudan a establecer conexiones sociales.

Algunas emociones agradables son: alegría, gratitud, paz, amor, placer, conexión, etc.

Emociones desagradables

Nos dan información sobre qué experiencias, relaciones o acontecimientos no nos están gustando, y nos ayudan a procesarlos si no se pueden cambiar, o bien a movilizarnos hacia la acción para modificarlos. Todas las emociones desagradables tienen una función útil y necesaria.

Algunas emociones desagradables son: tristeza, rabia, ansiedad, culpa, frustración, asco, miedo, etc.

Todos sabemos reconocer si nos sentimos bien o mal, al menos en la mayoría de los casos. Sin embargo, nos cuesta mucho concretar qué emoción estamos sintiendo, especialmente si venimos de una educación emocional escasa. **Ello puede proceder de distintas situaciones:**

¿DE DÓNDE PUEDE PROVENIR UNA EDUCACIÓN EMOCIONAL ESCASA?

En mi casa no se hablaba de emociones, y, al no entenderlas, no he aprendido a relacionarme bien con ellas ni a ponerles nombre.

He aprendido que las emociones son problemáticas, porque en casa había una mala relación con ellas por parte de mis cuidadores (desbordamiento emocional, ansiedad desmedida por su parte cuando a mí me pasaba algo emocional, pastillas en cuanto se encontraban «un poco mal» como método de reducir las emociones, etc.).

En mi casa se le daba mucho protagonismo a sentirse bien todo el tiempo, con lo cual me cuesta mucho identificar las emociones desagradables y ponerles nombre, porque las confundo y simplemente sé decir que me siento «mal», pero no sé por qué ni de dónde viene.

Ser del género masculino, algo que, a no ser que hayas tenido una educación emocional magnífica en casa, ya te predispone a la **alexitimia masculina**, un término utilizado para nombrar la gran dificultad que tienen los hombres a la hora de reconocer, etiquetar o expresar lo que sienten por haber sido apartados de sus emociones, debido a un contexto cultural que los obliga a ser racionales, fuertes y poco emocionales porque «eso es de chicas».

En cuanto a la alexitimia masculina, fijaos, seáis o no hombres, en la poca profundidad emocional que suele existir en las conversaciones entre grupos de amigos de este género. Lo cierto es que es algo poco habitual que hablen de cómo se sienten o qué emociones les está provocando una situación concreta. Y no es que no quieran, sino que es algo que pocos han aprendido. Este es un aspecto que hay que tener en cuenta a la hora de trabajar en este ámbito.

Como ya hemos comentado, **las emociones no están para molestarnos, están para avisarnos**. Son como un panel de control en el que cada emoción tiene una función concreta y debe saltar ante distintas situaciones.

El problema es que si procedemos de un ambiente con escasa educación emocional vamos a querer huir de las emociones. Como no creemos que tengan nada útil, intentamos pensar en ellas lo menos posible. Esto de «silenciar» las emociones es peligroso, primero porque no escuchamos su función y no les permitimos llevar a cabo su trabajo, segundo porque, aunque lo hagamos, nuestras emociones intentarán cumplir su cometido, para lo cual probablemente se acabarán convirtiendo en síntomas (tic en el ojo, taquicardia, respiración acelerada, dermatitis, insomnio, molestias digestivas, irritabilidad constante, etc.) de cara a intentar llamar todavía más nuestra atención y conseguir ser escuchadas, y tercero porque si no las escuchamos irán aumentando su intensidad hasta tomar el control de nuestras vidas. Y como decíamos, lo importante con respecto a las emociones es el equilibrio. Si toman el mando estando a una alta intensidad, especialmente en las relaciones de pareja, estaremos condenados a conflictos disfuncionales sin posibilidad de resolución.

Así pues, como no queremos esto, vamos a empezar a escucharlas.

Aquí dejamos algunas preguntas y respuestas para trabajar las emociones de manera individual:

- **¿Puedo llegar a controlar o a suprimir las emociones?** NO, solo se pueden regular, jamás controlar o suprimir. Las emociones tienen una función, y suprimirlas nunca es útil.
- **¿Por qué aparece la rabia con mi pareja si lo quiero?** Cada emoción aparece por un motivo distinto y cumple una función específica. Es normal sentir a veces emociones desagradables hacia personas a las que queremos.
- **¿Por qué siento lo que siento?** A veces tienen un porqué, otras veces aparecen por *flashbacks* de situaciones pasadas o conflictos que arrastramos a modo de piedras, y simplemente las sentimos y hay que aprender a convivir con ellas a través del equilibrio y la comprensión, nunca del juicio.
- **¿Son la verdad absoluta?, ¿hay que hacerles siempre caso?** Por supuesto que no, las emociones no son guías infalibles. De ellas podemos sacar información, pero no conclusiones.
- **¿Cuál es el trabajo que debo hacer con las emociones?** Crear un equilibrio entre la razón y la emoción. Observar qué emoción sentimos, validarla, evaluar su función y regularla para expresarla de una forma adaptativa.

IDENTIFICAR EMOCIONES EN PAREJA

Vamos a tener un primer contacto con nuestro mundo emocional identificando emociones de alguna situación que hayáis vivido juntos, para compartir lo diferente que puede sentir cada uno y ver lo enriquecedor que puede llegar a ser. Sentir diferente no es malo, no tenemos que juzgar lo que siente la otra persona, sino identificar lo que sentimos de manera individual y respetar lo ajeno.

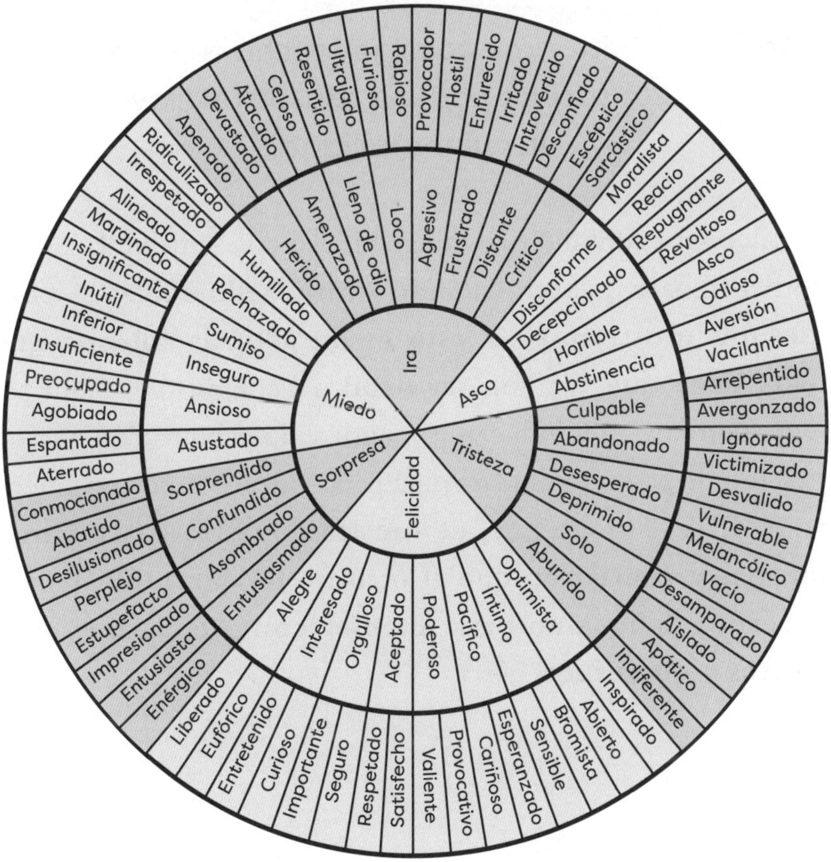

- **Ira**
  - Loco: Furioso, Rabioso
  - Agresivo: Provocador, Hostil
  - Frustrado: Enfurecido, Irritado
  - Distante: Introvertido, Desconfiado
  - Crítico: Escéptico, Sarcástico
  - Herido: Apenado, Devastado
  - Amenazado: Atacado, Celoso
  - Lleno de odio: Resentido, Ultrajado
- **Asco**
  - Disconforme: Moralista, Reacio
  - Decepcionado: Repugnante, Revoltoso
  - Horrible: Asco, Odioso
  - Abstinencia: Aversión, Vacilante
- **Tristeza**
  - Culpable: Arrepentido, Avergonzado
  - Abandonado: Ignorado, Victimizado
  - Desesperado: Desvalido, Vulnerable
  - Deprimido: Melancólico, Vacío
  - Solo: Desamparado, Aislado
  - Aburrido: Apático, Indiferente
- **Felicidad**
  - Optimista: Inspirado, Abierto
  - Íntimo: Bromista, Sensible
  - Pacífico: Esperanzado, Cariñoso
  - Poderoso: Provocativo, Valiente
  - Aceptado: Satisfecho, Respetado
  - Orgulloso: Seguro, Importante
  - Interesado: Curioso, Entretenido
  - Alegre: Eufórico, Liberado
- **Sorpresa**
  - Entusiasmado: Enérgico, Entusiasta
  - Asombrado: Impresionado, Estupefacto
  - Confundido: Perplejo, Desilusionado
  - Sorprendido: Abatido, Conmocionado
- **Miedo**
  - Asustado: Aterrado, Espantado
  - Ansioso: Agobiado, Preocupado
  - Inseguro: Insuficiente, Inferior
  - Sumiso: Inútil, Insignificante
  - Rechazado: Marginado, Alineado
  - Humillado: Irrespetado, Ridiculizado

Como dijo Freud: «**Nunca estamos tan indefensos contra el sufrimiento como cuando amamos**». Esta indefensión que sentimos al amar y estar en pareja, al abrirnos al otro, es lo que muchas veces complica que comuniquemos esas emociones que conseguimos identificar. Y no solo las cosas desagradables que sentimos, por lo general las agradables también nos cuesta comunicarlas. ¿Qué pasa si le digo a mi pareja que hoy hemos estado genial y que lo quiero muchísimo, y no me responde igual? ¿Y si le cuento lo triste que estoy y no me escucha o no recibo su apoyo?

Abrirnos al otro trae consigo mucha complejidad. Y esto sucede por una sensación clave: la vulnerabilidad.

Es común confundir la vulnerabilidad con la debilidad, pero no tienen nada que ver. **Cuando somos vulnerables es porque nos mostramos. Y esto es un acto de valentía que nada tiene que ver con ser débil.** Al contrario, hay que ser muy fuerte para ser vulnerable. Sentir vulnerabilidad en nuestra relación de pareja es fundamental para conectar emocionalmente. Se trata, en todo caso, de **mostrar nuestras partes más íntimas y confiar en que el otro no lo va a utilizar para hacernos daño, sino para intentar comprendernos, cuidarnos y querernos.**

COMUNICAR EMOCIONES EN PAREJA

- ¿Qué emociones os cuestan más comunicar en vuestra relación?
- ¿Por qué creéis que os cuesta comunicarlas? Intentad localizar qué miedo hay detrás de no comunicar esas emociones (hacerlo mal, molestar, traer emociones negativas a la relación, que no me comprenda, etc.).
- Practicad contándole al otro alguna emoción reciente que no hayáis comunicado por alguno de los miedos reconocidos anteriormente. En el siguiente apartado, con la validación, podremos ver cómo responder acogiendo y comprendiendo al otro cuando comunica una emoción.

VALIDACIÓN EMOCIONAL EN PAREJA

Cuando hablamos de validación emocional, hablamos de **no juzgar emociones**. Hablamos de entender que no decidimos lo que sentimos, sino que lo sentimos por algo. Y desde ese entendimiento, juzgar si está bien o mal sentir una emoción determinada no tiene sentido. Validar es aceptar las emociones, tanto propias como ajenas, aunque sean emociones que no compartimos o entendemos. Y esto no es posible sin empatía.

Nos adjudicamos el ser personas empáticas con mucha facilidad. ¿Habéis escuchado a alguien decir «yo es que no tengo empatía»? No, ¿verdad? Pues eso. Todos somos personas superempáticas, sabemos qué significa ponernos en el lugar del otro y sorprendentemente se nos da genial. Pero ¡cuidado con esto! Ponerme en la piel de otra persona significa no juzgar lo que siente. Es validar y abrazar su emoción dejándola estar, sin opinar, sin desalentar y sin proponer las posibles soluciones. Para ello no hace falta estar de acuerdo con lo que está sintiendo. La empatía es aquello que ejercemos cuando, a pesar de no estar de acuerdo o no comprender algo, respetamos y abrazamos lo que siente o piensa la otra persona.

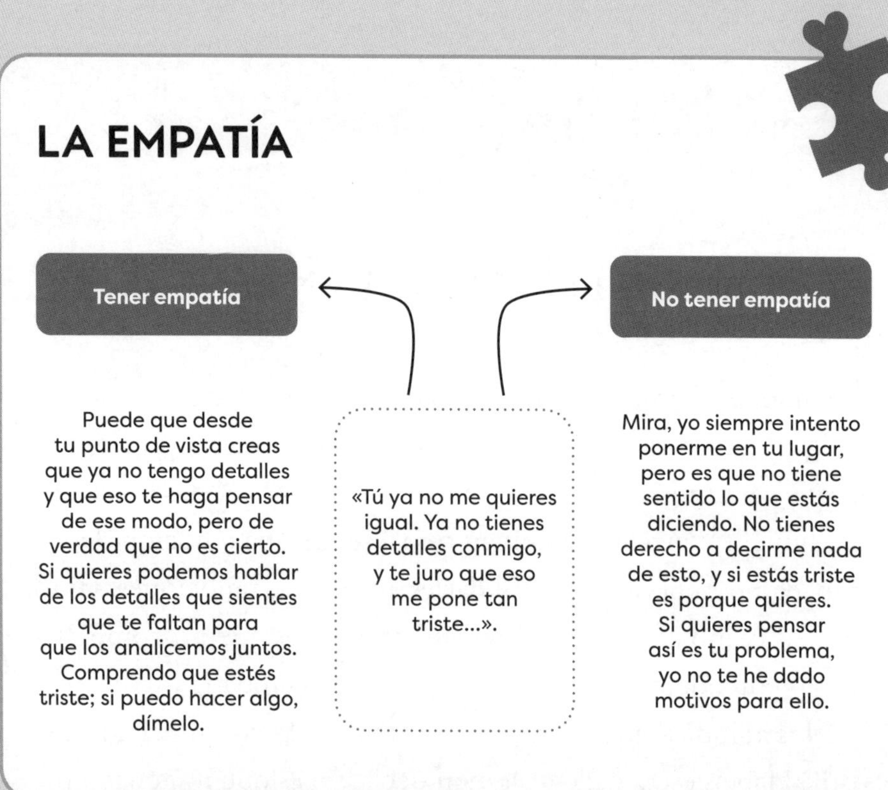

Otro término, que solemos confundir con la empatía y que es algo un poquito más sencillo de ejecutar, es la simpatía. La simpatía es lo que sucede cuando comprendemos y respetamos lo que siente o piensa la otra persona porque, en su lugar, sentiríamos o pensaríamos lo mismo. «Comprendo cómo te sientes por tener ansiedad en el trabajo, yo también la he tenido y es muy duro». La diferencia con la empatía es que en esta no hace falta haber pasado por lo mismo o creer que nos sentiríamos igual si pasáramos por eso. «Yo no he tenido ansiedad en el trabajo, pero debe ser muy duro sentirse así. Si puedo ayudarte en algo, ya sabes que aquí estoy».

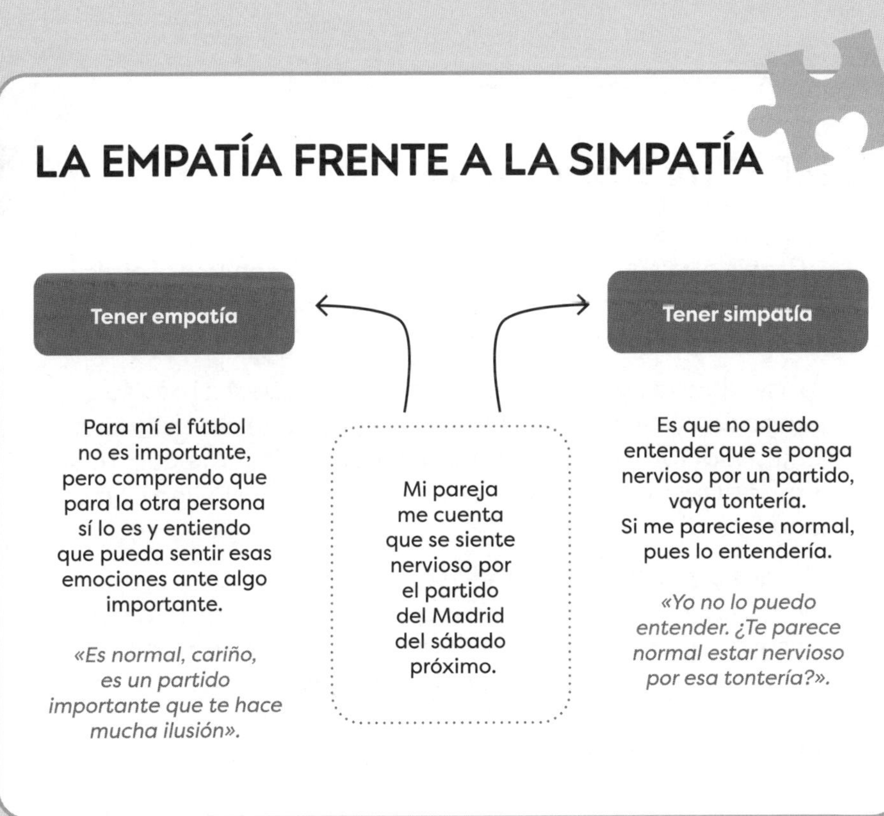

Como veis, la simpatía muchas veces puede llevar a una falta total de empatía. Como desde la simpatía necesitamos «entender al otro» para entonces ponernos en su lugar y validar sus emociones, si no lo entendemos, nos sentimos con derecho a no ser personas empáticas. Al fin y al cabo, ¿cómo vamos a ponernos en el lugar de una persona a la que no podemos entender? Siempre que intentemos comprender a otra persona desde nuestra visión y nuestra forma de ser, estaremos cayendo en esa simpatía que, cuando es en sentido negativo, comparte fronteras con la falta de empatía. **A las personas tenemos que entenderlas y aceptarlas desde «cómo son» y no desde «cómo somos».**

EMPATÍA Y SIMPATÍA

- ¿Creéis que sois empáticos o simpáticos con la pareja? Primero podéis hablar sobre la opinión personal de cada uno y luego lo que pensáis del otro.
- ¿Hay algunas situaciones en las que os cuesta más ser empáticos? Si identificáis alguna, ¿por qué creéis que en esa situación os cuesta más? (Por ejemplo: «Me cuesta ser empático cuando el otro está triste, porque lo veo como una "pérdida de tiempo"»).
- **Vamos a practicar la empatía:** coged cualquier situación en la que creáis que vuestra pareja no es empática con vosotros, y entre los dos pensad cómo se podría actuar desde la empatía. Podéis mirar los ejemplos anteriores acerca de la empatía versus la falta de empatía y la empatía versus la simpatía (y repetir ese mismo esquema).

La empatía es imprescindible para validar emocionalmente a nuestra pareja.

A su vez, **la validación emocional en pareja es clave para poder construir una relación saludable y funcional**. Si sentimos que no podemos encontrar validación al expresar nuestras emociones, no vamos a querer expresarnos. Y si no nos sentimos libres para expresarnos, no tendremos un refugio seguro en nuestra pareja. Normalmente, cuando esto sucede es porque encontramos el término contrario: **la invalidación emocional**.

VALIDACIÓN EMOCIONAL

Responded por turnos las siguientes preguntas:

- **¿Alguna vez habéis expresado cómo os estabais sintiendo y habéis encontrado frases que han intentado «disminuir» o «suprimir» vuestra emoción?** Pensad en alguna situación concreta para luego compartirla con la pareja. Por ejemplo: «Dios, estoy reventada del día de trabajo, ¡qué estrés y qué agobio!». Ante este planteo, vuestra pareja os contesta: «Bueno, piensa que trabajas muchas menos horas que la mayoría de las personas y encima te gusta lo que haces».

CONTINÚA...

VALIDACIÓN EMOCIONAL

- **¿Alguna vez no habéis expresado lo que sentíais por miedo a la reacción de la otra persona?** Pensad en alguna situación concreta para luego compartirla con la pareja. Por poner un ejemplo: no decir que estoy triste para luego no tener que escuchar que estoy siempre igual o que resulto cargante.
- **¿Alguna vez os habéis sentido malas personas, débiles o peores que el resto por haber experimentado alguna emoción que entendíais como «mala»?** Pensad en alguna situación concreta para luego compartirla con la pareja. Por ejemplo: sentir que ser sensible y llorar cuando algo me afecta me convierte en débil o dramática.
- **¿Hay emociones con las que creéis que tenéis una peor relación y que tendéis a invalidar en vosotros mismos?** Si las sabéis reconocer, comentad con vuestra pareja cuáles son y por qué lo hacéis. Por ejemplo: yo creo que invalido mucho la rabia porque cuando la siento pienso que soy una mala persona e intento suprimirla; creo que lo aprendí en casa porque mi madre me decía que la gente buena no siente rabia y sabe perdonar.
- **¿Hay emociones que creéis que tendéis a invalidar en los demás porque os resultan incómodas o por falta de conocimiento o comprensión?** Si las sabéis reconocer, comentad con vuestra pareja cuáles son y por qué lo hacéis. Por ejemplo: yo creo que invalido mucho la tristeza porque en casa siempre se decía que la gente débil está todo el día llorando y quejándose; entonces, cuando veo esa emoción en otra persona, al no entenderla, siento incomodidad y quiero irme o intento que deje de estar así.

ALGUNAS INVALIDACIONES COMUNES EN PAREJA

Se pueden invalidar las emociones de varias formas, y por ello vamos a nombrar los tipos más comunes cuando hablamos de relaciones de pareja. Hay que tener en cuenta que social y culturalmente hemos podido aprender a invalidar las emociones desagradables propias y ajenas. El problema es que lo hacemos desde el desconocimiento, porque es lo que hemos aprendido, y pensando que en muchas de esas ocasiones estamos haciendo lo mejor para la otra persona o la estamos ayudando.

INVALIDACIÓN EMOCIONAL

Leed ambos los tipos de invalidaciones y marcad con un tic azul aquellas que hayáis podido ejercer con vuestra pareja y con uno verde aquellas que hayáis percibido por su parte. Reconocer lo que no hacemos tan bien es muy complejo, pero os animamos a hacerlo para después poder aprender nuevas estrategias.

Etiquetaje emocional negativo: tras expresar una emoción se adjudica una etiqueta negativa en relación con lo expresado. Esto sucede cuando nos hacen ver que sentir una determinada emoción (como si se pudiese decidir) nos «convierte» en algo que no queremos ser, lo que nos lleva a invalidar esas emociones por pensar que son inadecuadas o que molestan.

- Eres muy dramática, lloras por todo.
- ¡Qué quejica!, te quejas por tonterías.
- No seas tan negativa.
- Deja de ser celosa, eres tóxica.
- Eres demasiado sensible, van a pensar que eres débil.
- Qué cobarde, ¡no te puede dar miedo eso!
- Qué pesado eres, siempre con el mismo tema.
- Estás loca, ¿por qué te pones así sin sentido?

Negar el derecho a sentir: esta invalidación se produce cuando tras la expresión de una emoción se le hace ver a la persona que no tiene derecho a sentir eso, bien porque lo que le pasa «no es suficiente», o bien por dar por hecho que si se siente así es un problema que debe solucionar. Se simplifica todo sin tener en cuenta las emociones y el «momento» en toda su profundidad. **Estos mensajes se han popularizado aún más debido a la «positividad tóxica».** Recordemos que estas invalidaciones muchas veces vienen de nuestros seres queridos porque, desde su buena intención, no quieren vernos mal.

- Tienes que mirar más lo positivo, no tiene sentido que estés triste, la vida son dos días.
- No estés triste, piensa en todo lo bueno que tenemos.
- Ya verás que mañana ha pasado todo y te levantas feliz.
- El problema es que no crees en ti; si lo hicieras, dejarías de estar así.

- Parece que te gusta rayarte, piensa en otra cosa, no tienes que estar tan preocupada siempre.
- Día que no sonríes o estás bien, día perdido; así que, venga, esfuérzate un poco.
- Si estás triste finge que estás feliz, ya verás cómo va cambiando tu día.
- No puedes enfadarte por ese tipo de cosas, son tonterías.
- No quiero que llores, ¿qué puedo hacer para que dejes de estar así?

Consejitos invalidantes: dar consejos está genial, si te lo piden. Y si te lo piden, recuerda que primero debe ir la validación de la emoción. Esta invalidación sucede cuando, tras expresar una emoción, lo que recibo es un consejo que intenta precisamente «eliminarla». En su gran mayoría, los consejos que nos dan ya los sabíamos, y lo que necesitábamos era expresar cómo nos sentimos sin que nos machacasen con la manera correcta de actuar.

- Hazme caso, lo mejor que puedes hacer es irte al gimnasio y así se te pasará todo.
- Claro, es que si me hicieras caso y le dijeras eso a tu jefa no seguirías con esa ansiedad.
- Lo que yo hacía cuando sentía ansiedad era..., si lo haces, seguro que se te pasa.
- Lo que deberías hacer es salir más con tus amigas, tener tus propias parcelas, así no te sentirías de este modo.
- Tienes que darles menos vueltas a las cosas, prueba a correr o a meditar, seguro que te irá bien hacer algo de eso.
- Joder, no haces más que darle vueltas; si es que lo que tienes que hacer está muy claro, ya te lo he dicho.

Invalidación irónica: esta invalidación se produce cuando usamos la ironía o el humor para tapar una invalidación ya ejercida. No se puede justificar todo a través del humor. Si he sentido invalidación, da igual que sea una broma, sigue siéndolo aunque se pueda entender que no había una mala intención. Es importante tomar responsabilidad cuando se ejerce una invalidación y pedir perdón en lugar de justificarlo con el humor.

- Joder, qué sensible eres, no se te puede decir nada.
- Te molestas por todo, solo era una broma…
- Mira, yo estaba de risas; si te ha molestado, es cosa tuya, que no sabes entender una broma.
- No tienes sentido del humor.
- No seas sosa, si estábamos de coña.
- Si es que te lo tomas todo a pecho, así no se puede…

Invalidación fantasma: cuando tras expresar una emoción la otra persona se calla, no contesta, mira hacia otro lado, etc. Es la peor invalidación que podemos sufrir en pareja porque lo que nos hace sentir es que no existimos, que no somos importantes, que no merecemos atención. Es la omisión absoluta.

- Ley del hielo por WhatsApp, no contestar los mensajes.
- Ver llorar a la otra persona y no atender ni preguntar.
- Que me moleste algo y castigar con el silencio.
- No hablarse durante días.
- Dejar de hablar de repente y sin explicación.
- Expresar algo importante y no escuchar ni responder.

APRENDER A VALIDAR

Situación: un miembro de la pareja explica que se siente fatal porque no ha sido capaz de ponerle límites a su jefe y que es la tercera vez que le pasa.

	Cómo se hace	Consecuencias emocionales	Consecuencias conductuales
Ejemplo de invalidación	No puedes seguir así, te va a utilizar, es culpa tuya por no saber pararle los pies.	Me siento peor, culpable, débil por no saber poner límites.	La próxima vez que suceda lo mismo no se lo contaré, porque no quiero sentirme débil o culpable ni que me vea inferior.
Ejemplo de validación	**Es normal estar triste.** Al final te sientes **maltratada** haciendo muy bien tu trabajo, y **entiendo** perfectamente que cueste poner esos límites ante un jefe. ¿Puedo hacer algo para ayudarte?	Me siento arropada, entendida y aceptada.	Me siento bien al contarle las cosas y tiendo a seguir expresando lo que siento, incluso a pedir consejo sobre cómo poder poner límites porque no me siento juzgada.

(Primero me centro en atender su emoción o reacción; en este caso, la tristeza o el llanto, y luego me centro en la situación: su jefe y la dificultad de ponerle *límites*).

Con este ejemplo podemos ver una de las cosas que más sucede en pareja, eso de «**prefiero no contar las cosas**». Efectivamente, **si al expresar una emoción o un pensamiento siento que se me está juzgando, lo que se traduce de la situación es que expresar cómo me siento está mal o es incorrecto**. Esto lleva a la culpa y a la vergüenza, y, por ende, a ocultar emociones invalidándose a uno mismo. Cuidado con esta dinámica, ya que puede convertirse en un bucle muy grave en el que el lugar que debería ser un refugio seguro no lo es por temor al juicio que se va a recibir.

EJERCITAR LA VALIDACIÓN EN TRES PASOS

TRES PASOS PARA EJERCITAR LA VALIDACIÓN EN PAREJA

1

Escucha y reconoce qué emoción te está mostrando tu pareja (tristeza, motivación, enfado, etc.).

2

Abraza y comprende su emoción con frases como:

- Es normal que te sientas así.
- Te entiendo.
- Muchas personas se sentirían así en esa situación.

3

Ofrécele tu apoyo y pregúntale si puedes ayudar de algún modo.

Puedes usar la rueda emocional.

Intenta comprender esa emoción desde quién es tu pareja, cómo siente, su situación particular, sus piedras, etc.

Puedes utilizar frases como: «¿Hay algo que pueda hacer?» o «¿Quieres que simplemente te escuche, o prefieres que intentemos buscar soluciones juntos?».

VALIDANDO Y VALIDANDO

Utilizad los tres pasos para validar en pareja e intentad practicar con los ejemplos del siguiente ejercicio. Después, pensad en algunas situaciones personales que podáis poner de ejemplo. Validar conlleva práctica. Para ello también es importante que cuando alguno no se esté sintiendo validado lo exprese y le dé la oportunidad al otro de arreglarlo.

PRACTICAR LA VALIDACIÓN EN PAREJA

Situación	¿Qué emoción me está mostrando?	¿Cómo puedo validar a mi pareja?	¿Le puedo ofrecer ayuda sin la necesidad de imponer una solución?
«Me da rabia que mis amigas hayan salido y no me hayan avisado».	*Rabia, enfado, frustración, inseguridad.*	*Es normal que sientas enfado, son tus amigas, e imagino que tú les habrías avisado.*	*¿Quieres hablar sobre este tema o que te dé mi opinión? ¿Cómo crees que podría ayudarte en este momento?*
«Me siento culpable por haber hablado mal a mi madre por teléfono».			
«No aguanto más con los exámenes del máster, estoy agotada, es mucha cantidad de información para mí».			

Habréis visto que es más fácil validar cuando el problema es ajeno a la relación. Pero ¿qué pasa cuando estáis ambos involucrados y se mezclan emociones y opiniones? Aquí entran dos partes. La primera, el tener claro que **validar no es estar de acuerdo**. **Validar no es aceptarlo todo**; por tanto, si estamos discutiendo, tengo que poder validar la emoción de mi pareja y también opinar si estoy o no de acuerdo con el contenido de la discusión.

Además, **cuando hablamos de validar nos referimos a la emoción, no a la conducta**, es decir, yo puedo validar tu enfado, pero no el tono que usas o las conductas agresivas que puedan salir de ese enfado. Por ejemplo: «Entiendo que estés enfadado, pero no quiero hablar si usas ese tono tan elevado o esas formas».

A continuación, os proponemos un ejercicio muy útil que podéis utilizar cuando queráis expresar una emoción sobre una situación en pareja.

LA TÉCNICA DEL BOLI

EL BOLI

Elegid un boli o un objeto que tengáis a mano fácilmente.

Quien tenga el boli en la mano será el «comandante emocional». Si el boli lo tengo yo, solo se hablará de mis emociones.

MIEMBRO 1 EXPRESA SUS EMOCIONES

El primer miembro de la pareja que quiera expresar lo que siente coge el boli y habla sobre su emoción.

«Nuestros fines de semana me parecen muy rutinarios. Me siento triste y desmotivada con los planes que hacemos en pareja. Siento que no tenemos tiempo de calidad».

MIEMBRO 2 VALIDA LAS EMOCIONES DEL OTRO

Quien se expresó sigue con el boli en la mano, pero, una vez que termine de hablar, el otro valida su emoción. Solo valida y da su opinión, no habla de su emoción.

«Entiendo que te sientas así. Es normal estar triste y desmotivada si sientes que no tenemos tiempo de calidad, es cierto que yo no opino igual, pero entiendo que te sientas así».

SE PASA EL BOLI AL MIEMBRO 2

Cuando el primer miembro ya siente que ha comunicado lo que necesitaba y se ha sentido validado, le pasa el boli al otro.

MIEMBRO 2 EXPRESA SUS EMOCIONES

«Yo me siento muy juzgado, porque noto que todo el peso de tener tiempo de calidad recae sobre mí cuando me dices eso. Me siento frustrado porque yo creo que hacemos muchos planes juntos».

MIEMBRO 1 VALIDA LAS EMOCIONES DEL OTRO

«Entiendo que te sientas frustrado si tú piensas que sí hacemos actividades juntos. No era mi intención que pienses que todo el peso recae sobre ti, pero entiendo que te hayas sentido juzgado».

ACORDAR UNA SOLUCIÓN COMÚN DESDE EL MODO EQUIPO

«Quizá lo mejor sería que me digas qué actividades te faltan o qué cosas necesitas que hagamos para que sientas que tenemos tiempo de calidad. Puede que no nos entendamos en cuanto a planes divertidos o de calidad se refiere. Quizá necesitamos llegar a un acuerdo en eso. ¿Qué te parece? Podemos elegir cada finde uno los planes».

Como veis, de este modo hay validación, pero también hay espacio para la expresión de las emociones de ambos miembros de la pareja. Muchas veces sucede que «gana» la persona que tenga la emoción más intensa; por tanto, con tal de evitar que esa persona no se enfade o no llore, el otro acaba invalidando su emoción porque no es tan elevada. Volviendo al ejemplo anterior, imaginad que lo que dice el primer miembro lo expresara en pleno ataque de llanto, y el segundo miembro se callase lo que en realidad piensa y se limitase a calmar las aguas diciéndole que vale, que a partir de ahora harán actividades nuevas. Esto es un error. **La emoción más intensa no tiene por qué llevar la razón.** De hecho, una emoción desregulada no nos conduce por lo general a soluciones en «modo equipo», sino a soluciones individualistas en las que solo gana uno. En un conflicto de pareja es imprescindible dejar espacio para las emociones de los dos. Y, por supuesto, ambas emociones deben ser validadas porque son igual de válidas. Y esto nos lleva a otra cuestión: qué hacer si la emoción es tan alta que no podemos tener una conversación donde validarnos y alcanzar una solución en modo equipo. La respuesta está en la **regulación emocional**.

REGULACIÓN EMOCIONAL EN PAREJA

Las emociones son grandes informadoras si sabemos cómo equilibrarlas. Y cuando hablamos de equilibrarlas no hablamos de controlar, sino de regular. El problema que tenemos con las emociones es que, cuando actuamos desde nuestra parte más emocional, no razonamos. Y esto se vuelve un problema enorme cuando afrontamos conflictos que por lo general suelen desencadenar una respuesta de alta intensidad en lo que a emoción se refiere.

Según la teoría del cerebro triuno de Sperry y MacLean, el cerebro es un sistema formado por tres subsistemas que interaccionan dando lugar a lo que llamamos «conductas».

LOS SUBSISTEMAS DEL CEREBRO

Cerebro racional:
procesamiento cognitivo, toma de decisiones razonadas y lógicas.

Cerebro emocional o límbico:
centro de control de las emociones.

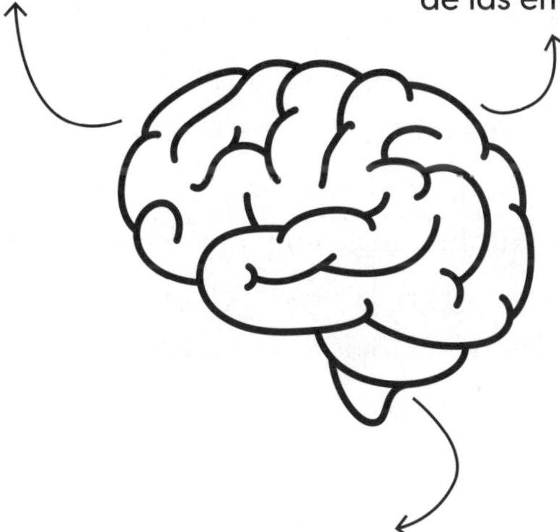

Cerebro reptiliano:
funciones básicas, supervivencia, instintos.

La interacción de estos tres subsistemas lleva un orden. **Normalmente, quien está al mando es el cerebro racional, que tiene en cuenta lo que van diciendo los otros dos subsistemas.** Esto sucede siempre que los otros dos sistemas se encuentren más o menos tranquilos, es decir, que estén informando y presentes, pero que no se hayan hiperactivado. Si, por ejemplo, se hiperactiva el cerebro reptiliano, cosa que sucede cuando se necesita cubrir alguna función básica relacionada con la supervivencia, este se hace con el mando del puesto de control y decide la conducta que se va a ejecutar. A modo de ejemplo: si tengo mucho sueño, aunque el cerebro racional me diga «venga, tienes que ver esta película hasta el final, que como te duermas tu pareja te va a matar, porque solo te gusta a ti», va a dar igual. El cerebro reptiliano tomará el control y se me irán cerrando los ojos poco a poco.

Si, por otro lado, se hiperactiva el cerebro límbico o emocional, cosa que sucede cuando alguna emoción se eleva a un nivel de intensidad desproporcionado para la situación, este tomará el mando del puesto de control. De este modo, aunque el cerebro racional lleve un rato diciéndome «venga, cuando llegue tu pareja no le grites ni le hables mal, simplemente dile que te ha molestado mucho llegar y ver la casa hecha un desastre», si no he conseguido regular mi emoción de enfado, cuando llegue mi pareja le gritaré y le diré que convivir a su lado es lo peor porque nunca cumple con nada de lo que dice.

¿Y QUÉ PASA SI...?

Si el cerebro **emocional y reptiliano** están **regulados...**

→

El cerebro racional lleva el control y toma las decisiones en el día a día.

Si hay falta de regulación...

↓

1. **El cerebro reptiliano es el primero en tomar el control** (tengo sueño y ya solo puedo pensar en que quiero dormir).
2. **El cerebro emocional es el segundo en tomar el control** (estoy enfadada y ya solo puedo pensar en mi enfado y en reaccionar).
3. **El cerebro racional solo funciona cuando hay equilibrio** y cuando el cerebro reptiliano y emocional están regulados.

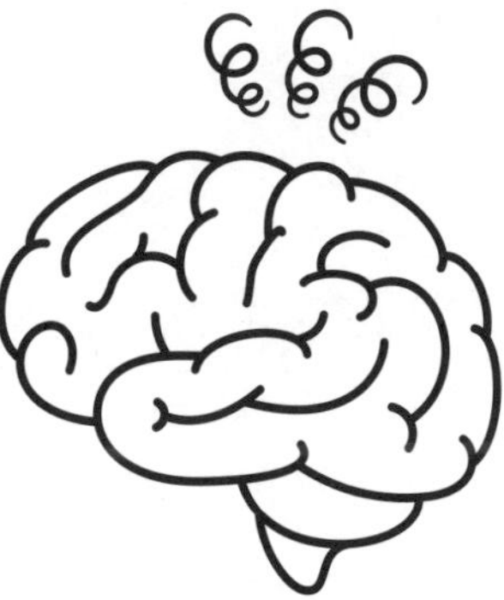

En definitiva, **mientras ni el reptiliano ni el emocional den un golpe de estado, todo irá bien**.

¿Y qué nos suele pasar cuando hay algún conflicto en pareja? Pues que nuestras emociones son muy intensas al comienzo, toman el mando de control y deciden la conducta que vamos a ejecutar a continuación.

Spoiler: la conducta que nace del cerebro emocional no suele ir para nada dirigida al «modo equipo».

Por esto la importancia de la regulación emocional en pareja.

Imaginad que Melisa le hace un comentario a Manu, su pareja, sobre el peinado que él lleva delante de sus amigos, ridiculizándolo para que todos se rían. Manu siente una rabia desmedida, y es cuando en su mando de control pueden pasar tres cosas, al igual que en el nuestro…

EL MANDO DE CONTROL

Emoción muy intensa.

La rabia toma el control.

=

Acción impulsiva: gritamos e insultamos usando palabras dañinas para vengarnos (lo que la rabia nos pide que hagamos, ya que esta pide justicia).

=

Razón apenas operativa.

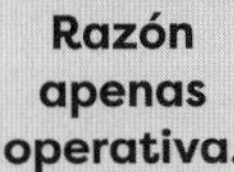

Emoción

Razón

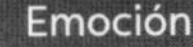

Emoción regulada.

La rabia nos da datos sin tener el control.

=

Acción consensuada: se tiene en cuenta la información emocional y racional. Expresamos de forma asertiva lo que nos ha molestado, expresamos el enfado y pedimos que no se repita a la vez que solicitamos una disculpa.

=

Razón operativa.

Integra los datos de la emoción y su razonamiento.

Emoción

Razón

Si tengo mi razón muy alta y no presto atención a la emoción, tomaré decisiones sin contar con la información de cómo me siento, y suelen ser decisiones alejadas de lo que yo necesito internamente. Si la emoción es muy alta y no tengo en cuenta la razón, llevaré a cabo acciones que no he razonado y de las que me puedo arrepentir porque son puramente emocionales.

Debemos intentar llegar al punto medio, equilibrar razón y emoción, para tomar la información de ambas.

Ahora que hemos visto lo que puede pasar en nuestro mando de control (quizá esto os recuerde a esa maravillosa película de dibujos sobre las emociones), vamos a aprender cómo equilibrar emoción y razón para saber regularnos de una forma adaptativa.

Para hablar de regulación emocional, primero debemos conocer las diferentes intensidades que existen cuando hablamos de emociones. Nuestras emociones no siempre están a la misma intensidad, por ello es fundamental reconocer dónde nos encontramos para entender nuestra propia regulación y gestión emocional.

TERMÓMETRO DE INTENSIDAD EMOCIONAL

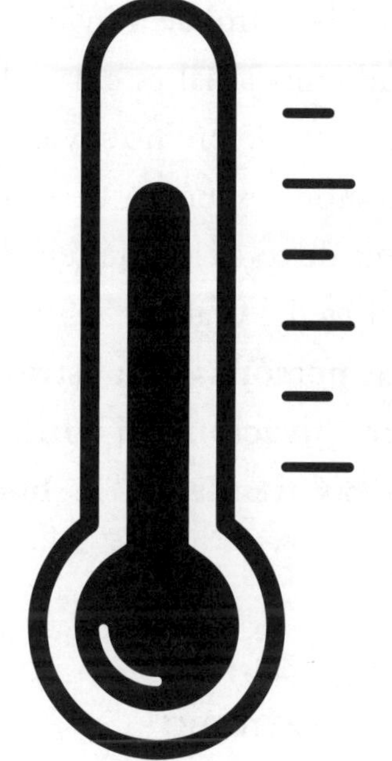

Del 7 al 10:
«Secuestro emocional»: me dominan las emociones, me suben las pulsaciones, tengo síntomas ansiógenos (sudoración, palpitaciones, falta de aire, sensación de calor, etc.), no soy capaz de razonar, me cuesta escuchar al otro, me siento fuera de control.

Del 5 al 7:
Soy capaz de sentir y pensar a la vez, sé cómo me siento pero puedo razonar; soy capaz de buscar posibles soluciones, puedo tener una conversación expresando lo que siento y escuchando al otro.

Del 0 al 5:
Ausencia de sensaciones, disminución de la capacidad de sentir, falta de información emocional, reducción de movimientos físicos, paralización emocional, necesidad de apagarme.

Cuando hablamos de regulación emocional nos referimos a estar en unos niveles de intensidad del 5 al 7. Sin embargo, cuando hablamos de desregulación emocional, nos referimos tanto a estar en una intensidad del 0 al 5 (por debajo) como en una intensidad del 7 al 10 (por encima). Esto va a depender de hacia dónde se desregula cada persona, ya que no todos nos desregulamos del mismo modo.

En función de esos niveles de intensidad emocional podemos hablar de tres estados de activación en las personas: **hiperactivación, ventana de tolerancia (estado de regulación emocional) e hipoactivación**. Algunas personas se desregulan por exceso (hiperactivación, la emoción toma el control de mi vida y no soy capaz de gestionarla; la intensidad emocional es del 7 al 10) y otras se desregulan por defecto (hipoactivación, no soy capaz de entrar en contacto con mis emociones y busco desconectarme de mi mundo emocional y huir de todo lo que tenga relación con él; la intensidad emocional es del 0 al 5). Seguro que veis una ligera conexión, y es que **las personas con estrategias ansiosas tienden más a la hiperactivación, así como las personas con estrategias evitativas tienden a la hipoactivación**.

Por esto, ante los conflictos,
unos tienden a la ansiedad extrema
y otros tienden a huir.

Nuestro primer trabajo será el de reconocer hacia dónde nos desregulamos, y para ello os dejamos en la página siguiente en qué consisten nuestros tres niveles o estados de activación.

LOS TRES ESTADOS DE ACTIVACIÓN

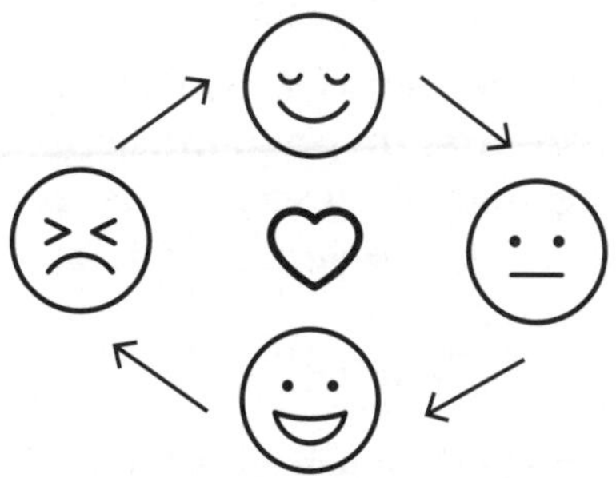

Estado de hiperactivación

Desregulación por exceso. Podemos considerar que la emoción está entre el 7 y el 10.

Hay inquietud, nerviosismo y enfado excesivo. Demando, intento dominar o ejercer el control, protesto, siento mucha activación en el cuerpo, noto el corazón más acelerado, respiro entrecortado, siento mucho calor...

Ventana de tolerancia

Es lo que llamamos «estar regulado». Podemos considerar que la emoción se encuentra entre el 5 y el 7.

Estoy más en calma, tranquilo, sintiendo las emociones y conectando con ellas, pero en su justa medida. No me siento desbordado por las emociones y tengo conocimiento sobre ellas y sobre lo que me está pasando. Soy capaz de reflexionar sobre la situación.

Estado de hipoactivación

Desregulación por defecto. Podemos considerar que la emoción está por debajo del 5.

Me desactivo, me aburro, me desconecto de los demás, hago que no me importan, soy sumisión. Me siento como flotando y fuera del momento presente, siento que no estoy en conexión conmigo ni con lo que estoy viviendo, evito lo que siento.

¿HACIA DÓNDE NOS DESREGULAMOS?

Realizad el ejercicio de forma individual siguiendo estos tres pasos para aprender un poco más sobre vuestra tendencia de desregulación y sobre qué os desregula y qué os ayuda a volver a la ventana de tolerancia o estado de regulación.

¿Cuál es mi tendencia de desregulación?

- Cuando algo me saca de mi ventana de tolerancia emocional, ¿tiendo a hiperactivarme (pierdo el control y me dominan las emociones) o a hipoactivarme (huyo de las emociones, cambio de foco e intento apagarme y desconectarme)?
- ¿Hay emociones con las que me hiperactivo y otras con las que me hipoactivo? (Me hiperactivo con el enfado, pero me hipoactivo con la tristeza, porque no sé manejarla y, entonces, huyo).

¿Qué me desregula?

- ¿Con qué tipo de estímulos me desregulo y me hipoactivo o hiperactivo? (Ejemplo: cuando me cambian los planes me hiperactivo y reacciono desde la protesta y la agresividad; cuando alguien me hace una crítica me hipoactivo e intento distanciarme de mis emociones, porque no sé gestionar la sensación de rechazo).

Actividades de regulación

- ¿Cuánto suelo tardar en regularme? (Ejemplo: cuando me hiperactivo suelo tardar una o dos horas en volver a sentirme en tolerancia y poder hablar y razonar, o, por el contrario, los enfados me duran días y puedo estar hasta un par de días sin conseguir regularme).
- ¿Hay actividades que me ayuden a regularme más rápido? Haz una lista de esas actividades para tenerla a mano cuando te suceda (ejemplo: salir a caminar me ayuda a volver a la tolerancia, a razonar y pensar sobre lo que ha ocurrido).
- ¿Qué actividades podría probar como novedad para que me ayuden a regularme?

¡Ahora vamos a poner en práctica la regulación emocional individual!

CÓMO REGULAR LAS EMOCIONES EN CINCO PASOS

1. Valora la intensidad actual de tu emoción del 1 al 10 (ten en cuenta tu tendencia de desregulación).

2. Si en ese momento te sientes en desregulación, comunícaselo a tu pareja de cara a poder obtener lo que necesites para volver a regularte.

3. Intenta hacer alguna actividad, de las que hemos visto en el ejercicio anterior, que te ayude a regularte de nuevo.

4. Cuando creas que tu emoción está regulada dale lugar a tu cerebro racional para ver qué piensas sobre la situación y cuál es tu opinión real haciendo un equilibrio entre lo que sientes y piensas.

5. Una vez que hayas llegado a ese equilibrio, comunica cómo te sientes y qué piensas teniendo en cuenta el modo equipo, validando también lo que pueda sentir y pensar la otra persona.

Todas las emociones tienen una curva, suben hasta un punto muy alto y si les doy el tiempo suficiente van bajando poco a poco hasta regularse. Tenemos que poder darles ese tiempo a las emociones para no actuar desde ellas, sino con ellas. A veces, pedir ese tiempo que necesito para regularme también puede ser una tarea complicada, por eso os dejamos aquí un par de ideas para solicitarlo desde el modo equipo.

IDEAS PARA EL MODO EQUIPO

IDEA 1

«Ahora mismo estoy muy enfadada, y creo que hablar en este momento no es una buena idea. Te pido por favor que aplacemos la conversación treinta minutos o una hora para que pueda regularme un poco y que podamos llegar a una buena solución para la pareja».

IDEA 2

«Cariño, sé que tú quieres hablar y resolver el problema ahora mismo, pero siento que en este momento te hablaría solo desde mi emoción, porque la tengo muy alta. ¿Podríamos esperar un rato a que esté más tranquila para retomar la conversación?».

¡VUESTRA IDEA!

Antes de pasar al siguiente ejercicio, queremos poner un tema sobre la mesa. Todos los ejercicios de validación y de regulación en pareja deben realizarse y comunicarse cara a cara. La comunicación no verbal, el contexto y el tono que utilizamos para transmitir las cosas es esencial en la resolución de cualquier tipo de conflicto o situación de pareja. Si no es posible porque mantenemos una relación a distancia, intentemos pautar esa conversación para cuando nos veamos en persona o, como mínimo, acordar una videollamada en la que podamos hablar del tema en cuestión mirándonos y prestándonos la atención necesaria. Cuidado con utilizar estas pautas a través de mensajes y redes sociales, ya que puede ser contraproducente.

REGULACIÓN EN PAREJA

Con este ejercicio vamos a tratar de crear vuestro protocolo de regulación emocional para utilizarlo ante conflictos en los que se produzca una desregulación emocional (ya sea en uno o en ambos miembros de la pareja).

¿Qué podéis hacer para evitar que la alta intensidad emocional traiga consecuencias negativas para la pareja?

Paso 1: Elegid una palabra o frase que os sirva para comunicar que la intensidad del conflicto no está siendo adecuada.

CONTINÚA...

REGULACIÓN EN PAREJA

Esa palabra es como una carta mágica, un comodín que solo entendéis vosotros. Os hará comprender que entráis en un protocolo previamente hablado y consensuado, que es el que crearemos a lo largo de este ejercicio. (Por ejemplo: Voldemort, *champagne*, olla exprés, etc.).

Vuestra palabra mágica.

Una vez que se comunica esta palabra por parte de uno o ambos miembros podrán suceder dos cosas:

1. Que la otra persona esté de acuerdo y se pase a la realización del protocolo que crearemos en el paso 2.
2. Que la otra persona sienta que no es así e intente continuar la conversación, validando y opinando sobre por qué quiere continuar hablando del conflicto. En este caso, el que no quiere hablar puede usar una de las tres ideas propuestas previamente para comunicar el por qué no quiere en este momento conversar. La idea es que la conversación se posponga con conocimiento y aprobación de ambos miembros.

Paso 2: Ahora es el momento de planificar el protocolo. Lo más aconsejable será crear dos protocolos, uno para cuando se encuentra desregulado solamente un miembro y otro para cuando ambos miembros de la pareja se encuentran desregulados.

REGULACIÓN EN PAREJA

Tipo de protocolo	Cómo me voy a regular y condiciones del tiempo de regulación	Nuestro turno
Protocolo de regulación cuando un miembro de la pareja tiene alta intensidad	Comunico por qué prefiero no hablar en este momento y lo que voy a hacer. *Prefiero no hablar ahora porque me ha sentado muy mal esta frase y hablaría desde la rabia, voy al gym y si te parece al volver lo hablamos, que estaré más tranquilo.*	
Protocolo de regulación cuando los dos miembros de la pareja tienen alta intensidad	Decidimos qué actividad vamos a hacer cada uno por separado y comunicamos cuándo volveremos a hablar de forma orientativa. *Creo que como estamos emocionalmente no vamos a sacar nada en claro. ¿Te parece bien que me duche mientras ves tu serie y que después de cenar veamos si ya nos encontramos más tranquilos para hablar?*	

El objetivo de este protocolo es:

1. Regular la emoción mediante la distracción y el tiempo de por medio.
2. Integrar la razón para pensar sobre lo sucedido.
3. Volver a retomar el conflicto una vez que recupere el equilibrio razón-emoción.

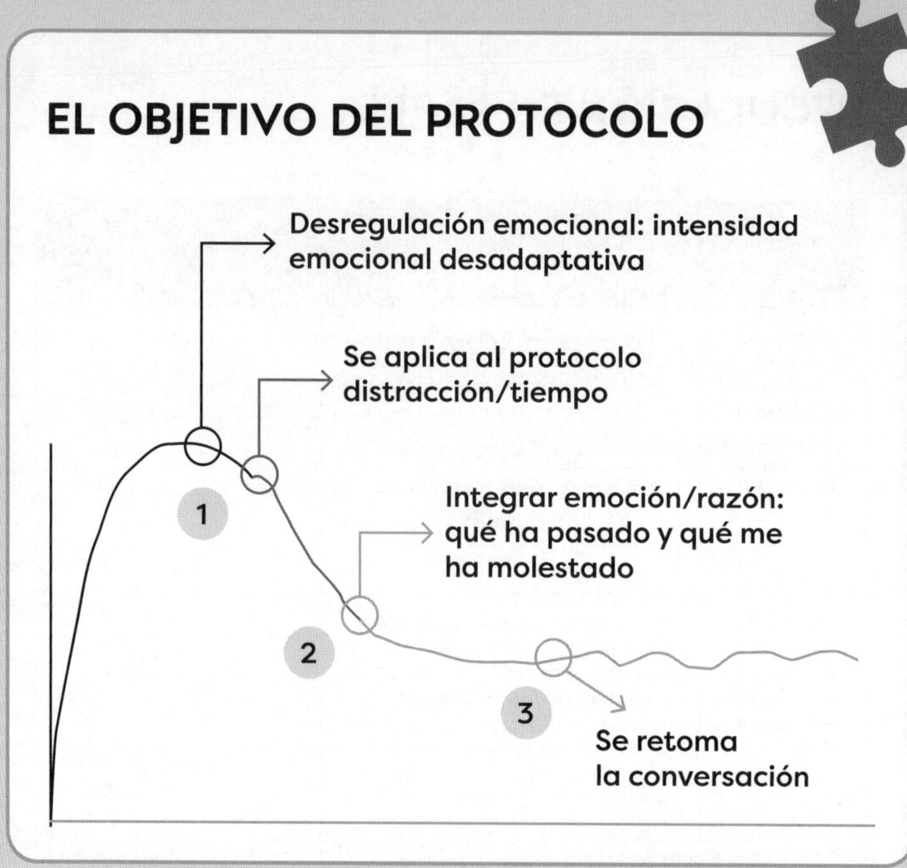

Si, más allá de leer este libro, nuestra pareja nos sigue invalidando y no respeta nuestro tiempo de regulación…, ¿qué podemos hacer?

Aquí tenemos que rescatar nuestros límites. Si para nosotros es un límite el hecho de no sentir validación al expresar una emoción o al pedir un tiempo para poder regular lo que se está sintiendo, tenemos que decirlo sin más. Por eso es tan importante comunicar cuándo no estamos sintiendo validación. Algunas formas de expresar límites relacionados con la invalidación emocional pueden ser las siguientes:

FORMAS DE EXPRESAR LOS LÍMITES

1

«Te he expresado cómo me sentía y me he sentido juzgada. Te pido por favor que intentes validar lo que siento. Yo respeto que no lo entiendas, pero aun así me gustaría sentir apoyo y validación por tu parte. Para mí, de cara a poder sentir ese refugio seguro, es importante».

2

«Cuando te pido un tiempo para regularme no es porque quiera poner fin a la conversación de forma unilateral, es porque lo necesito. Te pido que lo respetes y que no me fuerces a hablar si te estoy comunicando cómo me siento. Creo que nos vendría mejor como pareja, y yo por mi parte me sentiría mucho más validado. Si te preocupa algo en concreto cuando te pido ese espacio, me lo puedes decir».

3

«Para mí es muy importante sentir que validas cómo me siento y que puedo expresarme sin miedo a que te enfades o a que tengamos un conflicto disfuncional. Te pido por favor que lo tengas en cuenta, y que si en ese momento no te ves preparado para validarme porque algo te molesta, me pidas un poco de espacio y luego retomemos la conversación».

Si a pesar de expresar mis límites sigo sintiendo que no tengo un refugio seguro en mi pareja, porque la invalidación es constante cuando me expreso, quizá tendré que valorar si eso es lo que realmente quiero tener en una relación. A veces debemos tomar decisiones complejas si vemos que, a pesar de los intentos, nuestros límites se cruzan una y otra vez y tengo que expresarme con personas ajenas a la relación por la imposibilidad de hacerlo con quien estoy intentando construir un futuro.

¿Quiero construir un futuro con alguien a quien no puedo sentir como refugio? Esa es la respuesta de la que debemos hacernos responsables.

Os dejamos un esquema de lo que hemos visto hasta ahora y de cómo sería la gestión emocional global en pareja en cuatro pasos.

GESTIÓN EMOCIONAL EN CUATRO PASOS

	EN UNO MISMO	EN LA PAREJA
Paso 1: identificación	¿Qué siento?	¿Puedo reconocer lo que siente el otro? ¿Le he preguntado qué siente?
Paso 2: comunicación	¿Comunico lo que siento? ¿Cómo lo hago?	¿Qué me está comunicando realmente mi pareja? ¿Cómo me afecta?
Paso 3: validación	¿Por qué me siento así? ¿Valido mi emoción?	¿Comprendo cómo se siente? ¿He validado su emoción?
Paso 4: regulación	¿Qué actividad puedo hacer para bajar la alta intensidad emocional? ¿Qué me ayuda a sentirme mejor?	¿Le he preguntado cómo puedo ayudar a regular su emoción? ¿Qué puedo hacer para que se sienta mejor?

RESPONSABILIDAD AFECTIVA

La responsabilidad afectiva es el hecho de saber **reconocer y asumir que cualquier acto que llevemos a cabo tiene una repercusión indirecta y directa en las emociones de la persona con la que mantenemos una relación**. Esto quiere decir que todo lo que hacemos y decimos repercute de algún modo en la otra persona y, por tanto, en la satisfacción percibida en la pareja.

Si entendemos que lo que hacemos y lo que decimos repercute en las emociones del otro, ¿qué debemos hacer cuando creemos que algo de lo que hemos hecho o dicho le ha podido hacer daño? **Reparar.**

EL CAMINO PARA REPARAR HERIDAS

1

Comunicar cuando se produce una herida, por pequeña que sea. Sin comunicar aquello que me molesta, me ofende o me hiere, no hay posibilidades de reparación. Si no llamo al técnico para decirle que se ha roto la lavadora, nadie vendrá a repararla.

«Con ese comentario me ha parecido que dabas a entender que soy torpe, me ha molestado mucho».

2

Crea o no que es mi culpa, reparar heridas conlleva una toma de responsabilidad. Es imprescindible pedir perdón a conciencia.

Si realmente considero que lo he hecho mal: «Tienes razón, no ha estado bien decirte eso. Entiendo que te haya molestado y lo siento mucho, no volveré a hacer ese comentario».

Si no creo haberlo hecho mal: «Entiendo que te haya podido molestar, pero no ha sido mi intención llamarte torpe. Siento mucho que te lo hayas tomado así, pero yo no he querido decir eso».

REPARAR HERIDAS

Algo que suele suceder mucho en las relaciones de pareja es que reparar heridas se reduce a las veces en las que se acepta la responsabilidad de haber hecho algo mal. Y esto, cuando actuamos desde nuestro cerebro emocional, se vuelve complicado. Nuestro cerebro emocional es muy dicotómico, es decir, piensa en términos de blanco o negro: o soy culpable o soy inocente, no existe el término medio. Sin embargo, en las relaciones de pareja rara vez somos solamente culpables o inocentes.

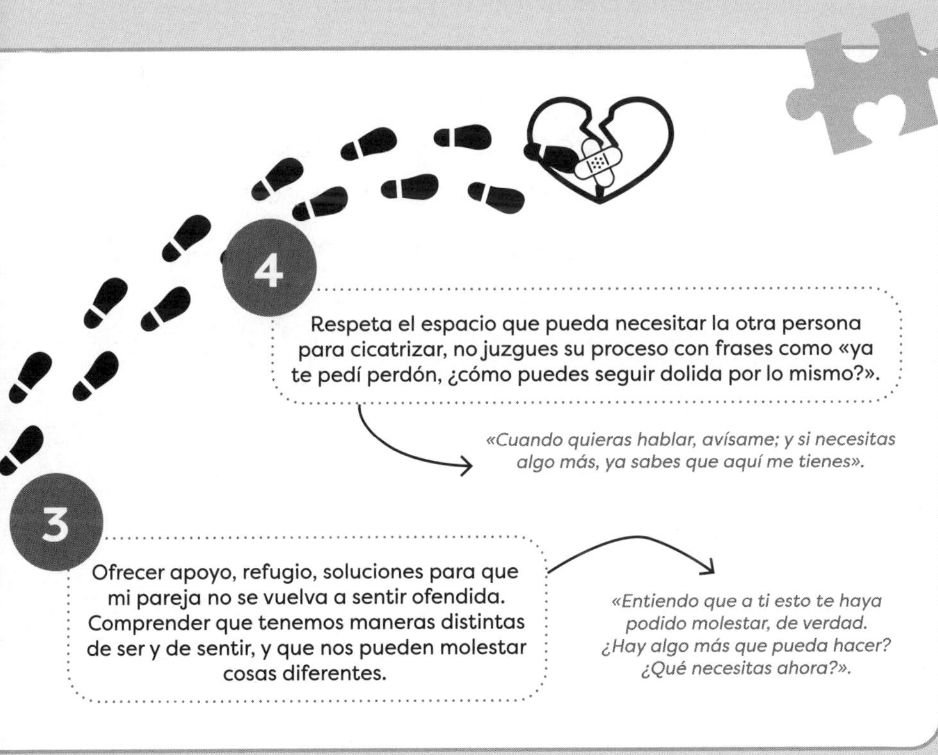

Normalmente ambos hemos tenido responsabilidad en el conflicto que ha tenido lugar, de una forma o de otra.

Por esto debemos aprender a reparar heridas aunque no veamos directamente nuestra responsabilidad en lo sucedido.

Porque desde el modo equipo queremos que nuestra pareja esté bien, no queremos que tenga que encargarse por su cuenta de echarse alcohol y de todo el proceso de cicatrización. Esto es, queremos ayudar.

Nunca es tarde para reparar heridas. A veces, por desconocimiento y falta de estrategias hemos podido dejar pasar ciertos temas complicados o espinosos. Quizá los hemos ido apartando, para poder continuar con la relación sin que nos afectasen demasiado.

Sin embargo, si queremos construir y ser un equipo, necesitamos sanar. Por difícil que pueda resultarnos.

8
CONFLICTOS FUNCIONALES Y RECIPROCIDAD

El orden de este libro tiene, para nosotros, mucho sentido. Que la psicoeducación acerca de qué son los conflictos, para qué nos sirven y cómo resolverlos venga después de toda la práctica y el aprendizaje emocional anterior es fundamental y necesario. **Cuando hablamos de relaciones entre personas, las emociones son un factor clave a la hora de resolver los desacuerdos**. Estas nos pueden llevar por un camino funcional o por un camino tortuoso. Sin conocer, comunicar y validar las emociones es muy difícil llegar a un entendimiento que integre la información emocional y racional.

Para construir juntos un vínculo seguro, necesitamos empezar a ver los conflictos desde una perspectiva constructiva e incluso positiva. Normalmente, entendemos el conflicto como algo que se debería evitar, porque da lugar a que la pareja se distancie y se enfríe. Una pareja con un vínculo seguro nunca será una pareja sin conflictos, porque **las personas somos demasiado distintas como para no tener desacuerdos**. La importancia de los conflictos reside en que sepamos resolverlos a través de una comunicación emocional, comprensiva y asertiva. Una comunicación en la que el foco esté puesto en conseguir que ni tú ni yo ganemos, sino en que gane nuestra pareja, esa plantita que estamos cultivando juntos.

LOS CONFLICTOS EN LA PAREJA

¿Qué son los conflictos en la pareja y para qué sirven?

Podemos definir el término «conflicto» como una situación en la que dos o más personas entran en disputa o discrepancia por tener intereses u opiniones que no pueden desarrollarse al mismo tiempo, es decir, que se contradicen. Como os podéis imaginar y como habréis podido descubrir en vuestra propia experiencia como pareja, es materialmente imposible que en una relación romántica no entremos en discrepancia por tener intereses u opiniones contradictorias.

Con historias de vida tan distintas, ¿cómo no estar en desacuerdo?

¿CUÁLES SON VUESTROS CONFLICTOS?

1. Nombrad tres conflictos que consideréis los más graves de vuestra relación, aquellos que os ha costado mucho resolver o que aún no conseguís resolver.
2. Nombrad tres conflictos que consideréis que hayáis resuelto de manera adecuada.
3. ¿Qué creéis que tenéis que mejorar cada uno de vuestra forma de resolver los conflictos?

Los conflictos no son negativos. De hecho, son necesarios para que una pareja avance, se conozca mejor y se apoye. **La verdadera intimidad nace de una resolución funcional de los conflictos.** Son imprescindibles para aprender a ver la pareja desde ese concepto equipo, desde el «nosotros», y no desde el individualismo que a veces nos posee. La importancia está en que no todos los conflictos son iguales. Podemos tener **conflictos funcionales** o, por el contrario, **conflictos disfuncionales**.

Cuando hablamos de conflictos funcionales en pareja, hablamos de conflictos en los que ambas partes intentan acercarse en lugar de alejarse. Es decir, son conscientes de que tienen intereses u opiniones distintas e incluso contradictorias, pero deciden ver el conflicto como un espacio en el que, si se acercan posturas y se cede un poco por las dos partes, se puede avanzar. **Un conflicto funcional se define como tal por cómo se resuelve, no por el contenido del mismo.**

CONFLICTOS FUNCIONALES

Conflictos funcionales

- No se producen faltas de respeto ni comunicación agresiva o pasiva, sino que se comunica desde la asertividad.
- Ambas partes deben ceder en algo.
- No son una batalla en la que uno gana y el otro pierde.
- Ambas partes deben quedarse con la sensación de haber ganado un poco.
- Debe haber un acuerdo en el que los dos se sientan parcialmente satisfechos.
- Se interpreta que el otro no tiene mala intención, sino que simplemente somos diferentes.
- Se mantienen conversaciones de acercamiento desde la ventana de tolerancia.
- El conflicto tiene un potencial constructivo (si se soluciona, estaremos ganando algo como pareja).

Por otro lado, tenemos los conflictos disfuncionales. Aquellos que realmente nos alejan y que perjudican gravemente la salud de la pareja. **Los conflictos disfuncionales significan lucha, y se reacciona o bien huyendo, o bien luchando, como reaccionaríamos ante un depredador.** Dejamos de ser equipo y nos convertimos en gladiadores luchando en la arena. Con ellos perdemos completamente el concepto de seguridad, accesibilidad y disponibilidad que necesitamos cuando hablamos de un vínculo seguro. Lo que hace que un conflicto sea disfuncional no es el contenido. Es el cómo se está resolviendo, que en este caso es desde la lucha y, por supuesto, utilizando únicamente nuestro cerebro emocional. John y Julie Gottman, una pareja de psicólogos que llevan años estudiando a diferentes matrimonios en su «laboratorio del amor», han confirmado que, cuando las pulsaciones se encuentran por encima de las 108 pulsaciones por minuto en un conflicto, es muy difícil que se produzca una resolución adaptativa del mismo. Esto, como ya hemos comentado, sería gestionar el conflicto desde la hiperactivación emocional, en la que no existe la razón, y por lo tanto no existirán los acuerdos comunes y constructivos del modo equipo.

CONFLICTOS DISFUNCIONALES

PRACTICANDO EN LOS CONFLICTOS

Ana y Luis están teniendo un conflicto por el orden en casa. Ana quiere que todo esté siempre perfecto, y tiene una manera muy concreta de hacer las cosas, que suele ser la única que le parece correcta. Luis, sin embargo, es un poco más desordenado.

PRACTICANDO EN LOS CONFLICTOS

No le da tanta importancia a que todo esté siempre «de revista». Además, cuando hace las cosas, Ana suele quejarse y regañarle por no hacerlo a su manera, lo cual lo enfada mucho. Esto provoca que cada vez que hay algo desordenado explote un conflicto. Ana empieza enfadándose y echándole la bronca, y Luis reacciona desde la defensa, diciéndole que «es una loca del orden» y que para ella las cosas nunca están suficientemente bien.

¿CÓMO SERÍA RESOLVER ESTE CONFLICTO DE FORMA FUNCIONAL?

A. Luis comienza a hacer las cosas como Ana le pide para evitar los conflictos, y cuando Ana le echa la bronca, hablándole en tono agresivo y desde la hiperactivación emocional, él simplemente pide perdón y lo repite hasta que Ana reconozca que está bien hecho.

B. Ana deja de enfadarse y de llamarle la atención a Luis, y cuando las cosas están desordenadas simplemente se calla y lo ordena ella.

C. Ana lo regaña cada vez que ve las cosas mal desde la hiperactivación emocional y Luis le responde igual. Al cabo de unas horas se piden perdón y vuelven a estar bien, aunque a los pocos días vuelve a surgir el mismo conflicto.

D. Hablan sobre las tareas de la casa y sobre cómo le gustaría hacerlo a cada uno. Intentan llegar a acuerdos sobre cómo llevar a cabo cada tarea, y también sobre cómo decirle al otro que algo no es de su agrado.

CONTINÚA...

PRACTICANDO EN LOS CONFLICTOS

Si la opción elegida fuese la A, probablemente Luis acabaría muy insatisfecho. No vería sus necesidades cubiertas, no se sentiría libre de expresar cómo se siente y lo que piensa, y acabaría creyendo que la relación no es ni recíproca ni equitativa, lo cual probablemente llevaría antes o después a explosiones de ira y enfado.

Si fuese elegida la opción B, probablemente Ana acabaría muy insatisfecha. A corto plazo evitaría conflictos, pero a medio y largo plazo terminaría sintiendo que la relación no es equitativa y que ella da mucho más de lo que recibe. Esto acabaría provocando una brecha entre ella y Luis, y la comunicación, la confianza y otros aspectos se verían afectados.

Si la opción elegida fuese la C, ambos acabarían insatisfechos y teniendo la sensación de que tener conflictos siempre es algo altamente negativo que termina destruyendo poco a poco a la pareja. Además, el conflicto nunca terminaría de resolverse porque siempre acabarían entrando en el bucle destructivo.

Si la opción elegida fuese la D, el conflicto habría tenido un potencial constructivo. Les habría ayudado a entenderse en cuanto a las tareas de casa y a las necesidades que tiene cada uno respecto a ese tema. Además, habrían podido llegar a acuerdos sobre cómo decirse las cosas y sobre qué soluciones se les ocurren para estar ambos satisfechos.

PRACTICANDO EN LOS CONFLICTOS

AHORA OS TOCA A VOSOTROS:

- Pensad en un conflicto que hayáis tenido recientemente.
- Intentad proponer tres opciones de solución del conflicto: una en la que gane el primer miembro de la pareja, otra en la que gane el segundo miembro de la pareja y otra en la que sintáis que los dos cedéis un poco, pero también ganáis algo.
- Pensad en qué os aportaría como pareja elegir aquella en la que ambos cedéis y ambos ganáis, es decir, cuál es la potencialidad del conflicto.

Los conflictos disfuncionales y el círculo de coerción

Cuando mantenemos los conflictos disfuncionales en el tiempo, solemos dar lugar a un bucle al que llamamos «**círculo de coerción**».

CÍRCULO DE COERCIÓN

A emite una conducta que desagrada a B.
Alfonso le dice a Bea que es una egoísta y que pone siempre excusas por no querer ir a su reunión familiar.

→

B piensa: «A me quiere fastidiar, no me quiere».
Bea piensa: «Alfonso no me entiende ni me tiene en cuenta. Ya le he dicho que me encuentro mal y le da igual».

→

B se siente disgustada, frustrada (emociones desagradables).
Bea se siente muy frustrada y enfadada y reacciona desde la hiperactivación y las interpretaciones irracionales, diciéndole a Alfonso que es un egoísta y que es muy injusto con ella.

→

B hace lo mismo que A y le desagrada. A piensa: «B no me ama, me quiere fastidiar».
La reacción de Bea desagrada a Alfonso, que piensa: «Encima me llama egoísta a mí. No soporto que no me entienda. Siempre tiene que llevar ella la razón».

→

A se siente disgustado, frustrado (emociones desagradables) y vuelve a desagradar a B.
Alfonso se siente frustrado y enfadado. Reacciona desde la hiperactivación y las interpretaciones irracionales; vuelve a decirle cosas negativas a Bea.

Los círculos de coerción están formados por **las reacciones que nacen a partir de la hiperactivación emocional, las interpretaciones irracionales sobre lo que hace o dice la pareja y las formas de comunicación agresiva o pasiva**. Son círculos difíciles de cortar, porque implica que alguien tiene que dar el primer paso de decir «oye, igual esto no es así y yo estoy reaccionando o interpretando de forma errónea», lo cual se vuelve más complicado cuanto más tiempo llevamos en ese bucle. Por ello es esencial entender la diferencia entre reaccionar y responder, y reconocer cuándo estamos reaccionando. Cuando reaccionamos, estamos un paso más cerca de esos círculos de coerción.

Decimos que estamos «**reaccionando**» cuando la respuesta al conflicto viene a partir de una alta intensidad emocional, de interpretaciones irracionales y de conductas pasivo-agresivas, o directamente agresivas. Por otro lado, decimos que estamos «**respondiendo**» cuando la respuesta al conflicto viene a partir de una intensidad emocional ya regulada, en la que ya nos hemos dado espacio para calmar esas interpretaciones irracionales y hemos generado pensamientos más racionales y objetivos, y de conductas más asertivas en las que priorizamos la validación del otro y la expresión calmada de lo que pensamos y sentimos.

¿REACCIONÁIS O RESPONDÉIS?

- Cuando tenéis conflictos, ¿qué soléis hacer desde el punto de vista emocional?

  A. Me enfado mucho y suelto lo primero que se me viene a la cabeza. Lloro, lo paso muy mal, grito e incluso a

CONTINÚA...

¿REACCIONÁIS O RESPONDÉIS?

veces he faltado al respeto. Luego me arrepiento y pido perdón porque soy consciente de que me he pasado.

B. Me enfado mucho, y como no quiero hablar porque no me gusta tener conflictos, intento irme a otro sitio sin decir nada. Si me insisten en hablar, acabo explotando y perdiendo el control de lo que digo y hago.

C. Me enfado, y como no quiero decir cosas de las que me pueda arrepentir, porque sé que estoy muy activada emocionalmente, le comunico a mi pareja que necesito distancia para regularme y lo invito a que hablemos después, cuando a ambos nos parezca bien.

- Cuando tenéis conflictos, ¿qué soléis hacer desde el punto de vista cognitivo?, es decir, ¿qué pensáis?

A. Depende, pero es más habitual que piense que la situación es injusta y que el otro no me tiene en cuenta ni a mí ni a mis emociones. Suelo interpretar que el otro se está portando muy mal conmigo e intento que se percate de ello para que me pida perdón.

B. Lo más habitual es que interprete que no se me está respetando y que el otro lo hace a propósito para que me enfade y pierda el control. Le pongo una mala intención a lo que me está diciendo.

C. Entiendo que la otra persona no me quiere hacer daño, simplemente habla desde su punto de vista, las piedras de su mochila y su propia historia. Valido lo que piensa y siente, también yo expreso lo que siento y pienso, para que podamos entendernos mejor. No le adjudico una mala intención porque tiene unos valores por los que he elegido estar con esa persona, y si los tengo en cuenta, sé que no tiene mala intención.

¿REACCIONÁIS O RESPONDÉIS?

- Cuando tenéis conflictos, ¿qué soléis hacer desde el punto de vista conductual?, es decir, ¿qué acciones lleváis a cabo?

  A. Suelo mostrarme muy enfadado y tengo conductas pasivo-agresivas.

  B. Suelo mostrarme distante y con frialdad, y además evito hablar del conflicto.

  C. Por lo general, trato de hablar después de tomar distancia para reflexionar bien las cosas y busco hacerlo de modo asertivo y comprendiendo las emociones y pensamientos de la otra persona. Intento que lleguemos a un acuerdo en el que ambos nos sintamos escuchados.

Tanto la A como la B son respuestas que damos cuando estamos reaccionando. Las A están más cercanas a estilos de vinculación de tipo ansioso, y las B son más similares a estilos de vinculación de tipo evitativo. Las C son las que más se acercan a lo que haríamos cuando estamos respondiendo, es decir, cuando estamos en un vínculo seguro.

Si vuestras respuestas han sido mayormente A o B, no pasa nada. Por eso estamos aquí, para aprender nuevas estrategias que nos permitan crear un vínculo más seguro y saludable con nuestra pareja. Para ello, primero vamos a distinguir cuál es la parte de reaccionar que más nos cuesta cambiar.

Reaccionar, esa acción que forma rápidamente conflictos disfuncionales, se puede dividir en tres niveles: el nivel emocional y fisiológico, el nivel cognitivo y el nivel conductual.

CONTINÚA...

¿REACCIONÁIS O RESPONDÉIS?

REACCIONAR versus RESPONDER

REACCIONAR

Nivel emocional y fisiológico

- Hablo desde la hiperactivación emocional y me pongo muy nervioso.
- Me agobio y me alejo desde la hipoactivación emocional y busco huir de la conversación.

Nivel cognitivo

- Interpreto que el otro tiene mala intención, quiere fastidiarme o no me tiene en cuenta.
- Reacciono desde esas interpretaciones irracionales sin pararme a racionalizar.

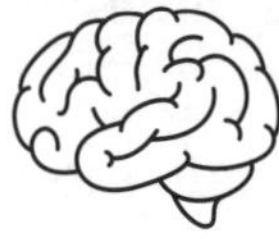

RESPONDER

Nivel emocional y fisiológico

- Tengo conversaciones desde la ventana de tolerancia.
- Soy capaz de dar un espacio para procesar el conflicto y luego hablar desde la calma.

Nivel cognitivo

- Interpreto que somos personas diferentes, tenemos historias distintas y eso hace que pensemos y actuemos de diversas maneras.
- Respondo a partir de interpretaciones más racionales tras darme tiempo de pensar.

¿REACCIONÁIS O RESPONDÉIS?

REACCIONAR	VERSUS	RESPONDER
Nivel conductual		**Nivel conductual**
• No soy capaz de llegar a acuerdos, todo lo que no sea mi opción me parece mal. • Me comunico de forma agresiva o pasivo-agresiva.		• Puedo llegar a acuerdos en los que ninguno de los dos gana, sino que ambos cedemos. • Me comunico de forma asertiva respetando el punto de vista del otro y expresando el mío, pero entendiendo que ninguno tiene la razón absoluta.

Es importante que, al leer esto y al practicarlo, nos centremos en **qué podemos cambiar nosotros para intentar que el conflicto se torne en algo más funcional**. No podemos centrarnos solo en qué debe cambiar el otro, ya que eso no está en nuestras manos. Como pareja, cada uno debe explorar dónde están sus mecanismos disfuncionales y reestructurarse a partir de ahí.

Desde luego, cambiar de conflictos disfuncionales a funcionales es más fácil cuando lo dividimos en varias partes e intentamos ir paso a paso. Cuando tratamos de modificar muchas cosas de golpe, nuestro cerebro no lo asimila bien (además, suelen ser cambios efímeros). Si queremos cambios duraderos, debemos desenredar el nudo y dividirlo en partes para encontrar las herramientas adecuadas. Para empezar, hemos de saber si lo que más os cuesta es:

- Tomar distancia cuando estáis en estado de hiperactivación (nivel emocional, emoción en nivel 7-10).
- Interpretar que el otro no tiene mala intención y que simplemente es diferente (nivel cognitivo, equivale a vuestros pensamientos).
- Comunicar cómo os sentís e intentar llegar a un acuerdo en el que ambos cedéis y ambos ganéis como pareja (nivel conductual, lo que hacéis, tener una comunicación asertiva).

Si os resulta difícil cada punto, no hay problema. Empezaremos por uno de ellos, aplicando las herramientas oportunas, y luego pasaremos a los siguientes.

EJEMPLO: LOS TRES NIVELES EN LOS CONFLICTOS

Utilizaremos un conflicto a modo de ejemplo para que podamos ver cómo sería el funcionamiento de las tres herramientas: Sara y Martín tenían planes para esta tarde. Iban a ir al autocine, algo que a Sara le apetece desde hace muchísimo tiempo. Martín, unas horas antes del plan, le dice que si por favor pueden quedarse en casa, que no se encuentra bien y que está muy estresado por el trabajo, por lo que le vendría genial pasar la tarde descansando.

HERRAMIENTA 1: NIVEL EMOCIONAL Y FISIOLÓGICO

Lo importante en este punto es ese fuego interno que sentimos cuando nos enfrentamos a un conflicto en el que sentimos una injusticia o que nos están arrebatando una razón que nos pertenece. Ese «fuego interno» es la rabia, pero otras veces también podemos sentir un nudo que se traduce en una enorme tristeza, o muchas otras emociones, por sentir que nos está dañando la persona que más queremos. Entramos en ese estado de hiperactivación y reaccionamos al conflicto desde ahí. **Para evitar esto, podemos hacer lo siguiente:**

1. Reconocer al otro que estamos en un estado de hiperactivación emocional y solicitar un tiempo (que no debe ser menor a treinta minutos ni superior a veinticuatro horas) para regular esa emoción.

   Sara: «Mira, Martín, ahora mismo todo lo que diga va a ser desde la rabia que tengo y no creo que te lo merezcas, ¿te parece bien que hablemos dentro de un par de horas?».

CONTINÚA...

EJEMPLO: LOS TRES NIVELES EN LOS CONFLICTOS

2. Hacer un trabajo de identificación emocional para entender exactamente qué sentimos y por qué nos sentimos así (podéis utilizar el ejercicio que trabajamos en el capítulo de las emociones).

   Sara: «Reconozco que lo que estoy sintiendo es rabia, provocada porque al final los planes no han salido como yo quería, lo cual me hace sentir, además, frustrada y triste. En un principio le he echado la culpa a Martín por sentirme así y por eso he querido hablarle desde la rabia...».

3. Desde la ventana de tolerancia emocional, podéis comunicar lo que sentís y por qué lo sentís.

   Sara: «Martín, lo que me pasaba antes era que me he sentido muy triste y frustrada por no poder hacer el plan que quería, y te he echado la culpa y eso me ha hecho sentir mucha rabia. Sé que no es tu culpa, quizá podemos ver otro momento para hacer ese plan que tanto me apetecía».

HERRAMIENTA 2: NIVEL COGNITIVO

En este punto lo importante son los pensamientos que generamos y que nos llegan de forma intrusiva cuando nos enfrentamos al conflicto. Esto, como hemos visto en capítulos anteriores, va relacionado con el nivel emocional, porque cuando estamos en estado de hiperactivación no es posible racionalizar la situación. Por eso, como se afirma en la primera herramienta, tomar distancia nos ayudará a tener pensamientos más racionales sobre el conflicto. En lo que respecta a este nivel, podemos hacer lo siguiente:

1. Reconocer qué pensamientos nos sobrevienen sobre el conflicto. ¿Qué pensamos sobre el otro en este momento?

EJEMPLO: LOS TRES NIVELES EN LOS CONFLICTOS

Esos pensamientos ¿son acordes a los valores del otro y son constructivos para la pareja?, ¿son racionales o son un producto de la alta emocionalidad del momento?

Sara: «Seguro que no estaba tan estresado y que le ha dado pereza. No ha pensado en lo mucho que me apetecía este plan, no me tiene en cuenta. Lo que pienso no es acorde a sus valores; normalmente Martín siempre intenta agradarme con los planes que me gustan. Tampoco es racional ni es constructivo para la pareja, ya que pensar así de él solo nos puede hacer daño. Sé que es algo que pienso desde la rabia, y que una vez que me calme no pensaré esas cosas de él».

2. Una vez reconocidos los pensamientos, podemos rescatar el ejercicio de creencias erróneas sobre las relaciones y debatir ese pensamiento. Pensar en otras alternativas racionales sobre por qué nuestra pareja ha podido actuar como lo ha hecho nos ayudará a ver el conflicto desde otra perspectiva.

Sara: «Hay otras alternativas más allá de esos primeros pensamientos, por ejemplo, que realmente se encontraba agobiado, que aquel día no le apetecía ese plan, que quería descansar en casa porque siempre hacemos planes fuera, etc. Puede haber sido cualquiera de estas posibilidades y eso no tiene que ver con que no me tenga en cuenta o que no haya pensado en mí».

HERRAMIENTA 3: NIVEL CONDUCTUAL

En este punto, lo principal será utilizar la validación. Empatizar con lo que piensa y hace el otro nos ayudará a conectar, a crear una intimidad y a que el conflicto se torne en algo mucho más funcional. El mayor problema

CONTINÚA...

EJEMPLO: LOS TRES NIVELES EN LOS CONFLICTOS

de los conflictos suele ser que se pone el foco en un solo integrante de la pareja y que nos olvidamos de que el otro es una persona distinta con sus propios pensamientos y emociones. Esforzarnos por entender al otro nos ayudará a sentirnos mucho más conectados, lo cual facilitará la conversación. En este nivel sugerimos hacer lo siguiente:

1. Reconocer y validar las emociones y opiniones del otro. Esto no quiere decir estar de acuerdo, sino transmitirle que respetamos lo que siente y opina, aunque opinemos distinto.

   Martín: «Sara, entiendo que hayas podido sentir rabia y que hayas necesitado un tiempo para procesarlo. Es normal que te hayas sentido triste y frustrada al no poder hacer un plan que te apetecía mucho».

2. Comunicar los sentimientos de una forma asertiva (al respecto, véanse las técnicas del capítulo 9 de comunicación asertiva) y, por otro lado, intentar alejarse de la pasividad —que generará conflictos a largo plazo— y de la agresividad —que en ese momento generará una escalada del conflicto e impedirá que se resuelva de forma funcional—.

   Martín: «Me gustaría que también pudieras ver que no haber hecho ese plan no significa que yo te quiera fastidiar o que no piense en ti, sino que de verdad hoy necesito quedarme en casa. Yo también quiero que busquemos otro día para hacer ese plan juntos».

Debemos recordar que cuando sucede el conflicto y la parte emocional se hiperactiva o hipoactiva, la parte racional desaparece. **La única forma de desescalar el conflicto y no caer en esas dinámicas tan habituales es dar ese primer paso para tomar distancia cuando la emoción está muy alta.** No hay otra salida. Para ello, recordad el ejercicio de la «palabra mágica» y aprended a utilizarla cuando os encontréis en un punto de hiperactivación. Sin ese primer paso, con las pulsaciones tan altas, no podremos transformar el conflicto en algo funcional.

LA FUNCIÓN DEL CONFLICTO Y CÓMO LLEGAR A ACUERDOS

Debemos esforzarnos en aprender a ver los conflictos como una instancia que crea un mayor clima de intimidad, algo que nos acerca si aprendemos a gestionarlo de una forma constructiva. **Tener pareja se basa en construir y cultivar, y eso es imposible hacerlo sin conflictos.**

A REFLEXIONAR

- Pensad en el último conflicto que habéis tenido y describid cómo fue; después, intentad llegar a cuál puede ser el potencial del conflicto.
- Respecto a dicho conflicto, escribid tres cosas que consideréis que os han ayudado a crecer como pareja.

Veamos un ejemplo para entender mejor la función de los conflictos y de los acuerdos. Juan y Lucas son una pareja que tiene distintas formas de demostrar amor. Juan es más dado a demostrarlo a través de las palabras, y Lucas, de los actos. Esto supone un conflicto porque Lucas no siente que su forma de demostrar amor se valore, y Juan no se siente querido de la manera en la que le gustaría. La potencialidad del conflicto sería «entenderse en la forma de demostrar amor y llegar a un acuerdo donde ambos se puedan sentir satisfechos y queridos». Y ahora, ¿cómo pueden alcanzar estos acuerdos?

SIGUIENTE PASO: LLEGAR A ACUERDOS

Hemos hablado de la importancia de llegar a acuerdos en los conflictos funcionales, pero no hemos hablado de cómo podemos hacerlo.

Para ello usaremos una de las fases de la técnica de solución de problemas que se utiliza en terapia cognitivo-conductual adaptada a la pareja. Dicha fase se denomina «generación de soluciones alternativas». Por ejemplo: ante las «maneras de demostrarse amor a través de las palabras», lo que veíamos en el ejemplo de Juan y Lucas, cada uno debería generar dos soluciones alternativas al conflicto en las que ambos puedan salir ganando y ambos tengan que ceder algo. Es decir, no vale proponer soluciones en las que solo gana uno.

SIGUIENTE PASO: LLEGAR A ACUERDOS

Juan	Lucas
Propongo hacerle ver a Lucas que valoro sus formas de demostrarme amor, aunque no sea con palabras, y que cuando haga algo bueno por mí se lo agradeceré y le haré sentirse visto. Me gustaría que al menos una vez al día podamos sentarnos y decirnos algo positivo el uno al otro, por ejemplo, antes de irnos a dormir.	Propongo decirle «te quiero» a Juan todos los días, no solo al despedirnos, sino en cualquier momento del día de manera genuina. Yo pondré esfuerzo en ello. Pero quiero que cuando Juan me pida algo de esto lo haga sin culpabilizarme, es decir, que solo me diga «yo necesito esto», sin decirme cosas como «te debería salir solo».
Otra propuesta sería poder expresarme los días que me siento más sensible, que suele ser cuando necesito más palabras de amor. Así yo entenderé que tengo que comunicarlo y no esperar a que «él se dé cuenta». Pero quiero que su respuesta sea decirme alguna palabra bonita, y no negativa o de rechazo, que también me ayude a ver que pedir es bueno.	Propongo que Juan me haga saber que entiende mi forma de demostrarle amor, que suele ser a través de detalles como dejarle el café hecho. A su vez, por mi parte, al dejarle el café, intentaré, por ejemplo, decirle que lo quiero o le dejaré alguna nota junto al café, para que asimismo se sienta querido a su modo.

CONTINÚA...

SIGUIENTE PASO: LLEGAR A ACUERDOS

Como veis, en los ejemplos **uno da algo y también solicita algo.** De este modo, **ambos cedemos y ambos ganamos**, y nos quedamos con la sensación final de que la pareja gana.

Se trata de **valorar las cuatro posibles soluciones** y ver cuál de ellas nos parece mejor a ambos. Para ello, **debemos ver la viabilidad de las opciones**, es decir: ¿cuál de las cuatro posibles soluciones nos va a resultar más fácil a ambos llevar a cabo?

Las soluciones que exigen mucha atención, cuando es algo que no resulta tan familiar, como «acordarme de decirle te quiero alguna vez al día», serán más difíciles. En esos casos, lo mejor es elegir una opción que vaya acompañada de algo que acostumbramos a hacer. Así, en el ejemplo de Juan y Lucas, las opciones más viables serían:

- Dejar una nota con palabras cariñosas o decir algo cariñoso al hacer el café (puesto que esa es una acción habitual).
- Dar las gracias cuando la otra persona tiene algún detalle y decirle algo como «yo también te quiero», haciéndole ver que sabe que esa es su forma de demostrar amor.

AHORA OS TOCA A VOSOTROS:

- Traed de nuevo a la mente el conflicto del ejercicio anterior. Nombrad el conflicto y después pensad individualmente en dos soluciones alternativas cada uno. Luego, realizad el juego de «viabilidad» para ver con objetividad qué opción de las cuatro creéis que os puede resultar más fácil para que sea una solución lo más duradera posible.

LA RECIPROCIDAD EN LA PAREJA

Al igual que los conflictos disfuncionales nos pueden llevar rápidamente al círculo de coerción, en el que nos alejamos del concepto equipo y del vínculo seguro, **los conflictos funcionales nos pueden acercar a lo que llamamos «círculo de reciprocidad».**

CÍRCULO DE RECIPROCIDAD

A gratifica a B.

Alfonso le dice a Bea que entiende que esté cansada y que no quiera salir esa noche, que pueden dejarlo para otro día.

↓

B piensa: «A quiere que me sienta bien, me quiere».

Bea piensa: «Alfonso me quiere, tiene en cuenta lo que pienso y lo que siento».

↓

B se siente satisfecha y contenta (emociones agradables). Hace lo mismo que A y lo gratifica recíprocamente.

Bea se siente muy escuchada, querida y comprendida. Quiere corresponder a Alfonso, así que responde diciéndole: «Estoy cansada, pero quiero pasar más tiempo contigo, así que hoy salimos y ya descanso mañana».

←

A piensa: «B quiere que me sienta bien, me quiere».

La reacción de Bea agrada a Alfonso, que piensa: «Bea también me quiere, tiene en cuenta lo que pienso y lo que siento».

↑

A se siente satisfecho y contento (emociones agradables), y entonces vuelve a gratificar a B.

Alfonso se siente querido, escuchado y comprendido, y entonces reacciona de forma agradable, dándole las gracias por el esfuerzo y mostrándole cariño.

El círculo de reciprocidad es lo que se forma cuando emitimos conductas agradables e intentamos solucionar los conflictos desde un prisma comprensivo. Cuando nos comportamos desde el modo equipo, aportando seguridad, disponibilidad y validación a nuestra pareja. Al realizar conductas comprensivas hacia la pareja, esta las recibe sintiéndose comprendida y querida, como un refuerzo positivo al que corresponde del mismo modo. Esta respuesta hace que el otro miembro de la pareja también se sienta querido y comprendido, y que vuelva a responder de la misma manera. De este modo, se crea un círculo de conductas agradables y positivas entre ambos.

Se ha demostrado en estudios como los de Guzmán y los de Gottman sobre satisfacción en pareja que **un mayor número de conductas recíprocas se relaciona con una percepción de mayor satisfacción y gratificación en la relación**. Esto es que pasan más tiempo en círculos de reciprocidad que en círculos de coerción. Parece algo obvio, pero no lo es tanto. Siendo sinceros, a veces pasamos sin darnos cuenta mucho más tiempo en los círculos de coerción; nos atrapan, y para salir de ellos debemos atrevernos a dar esa primera interacción positiva para provocar, a modo de efecto dominó, la siguiente interacción. En su laboratorio del amor, los Gottman encontraron que las parejas más satisfechas mantenían cinco interacciones positivas por cada interacción negativa, así que vamos a jugar a eso.

¡A POR LAS INTERACCIONES POSITIVAS!

Poner el foco en las interacciones positivas es fundamental si queremos un vínculo seguro y saludable con nuestra pareja. Para ello, pensad en la última interacción negativa que hayáis tenido, por ejemplo: «Ayer le alcé un poco la voz y le dije cosas bastante negativas y acabamos discutiendo». A partir de esa interacción negativa, **pensad en cinco interacciones positivas para compensar esa interacción negativa.** Por ejemplo:

1. Pedir perdón por haber alzado la voz y haberle dicho cosas negativas.
2. Decirle que le quiero.
3. Hacer la cena sin que el otro se lo espere.
4. Proponer ver una película de su temática preferida.
5. Darle las gracias al final del día por las cosas buenas que me aporta.

Tomad esta propuesta como un juego de pareja, y, cada vez que tengáis una interacción negativa, tras haber tomado el tiempo de distancia y solucionado el conflicto (no como sustituto de gestionar el desacuerdo), esforzaos en buscar algunas interacciones positivas (no tienen que ser siempre necesariamente cinco).

Cuando estéis manteniendo interacciones negativas y estéis entrando en el círculo de coerción, recordad que una interacción positiva basta para romperlo. Un solo «quiero escuchar tu punto de vista y entenderte», un «respeto lo que piensas» o un «¿por qué no nos damos un espacio y luego intentamos llegar juntos a un acuerdo?» es suficiente para romper el círculo y entrar en una dinámica de reciprocidad.

Dicha reciprocidad no se puede producir siempre al mismo nivel.

En la pareja debemos sentir equidad, pero equidad no significa que todos los días uno esté dando un 50 por ciento y el otro también. Esto es imposible.

Los porcentajes se pueden repartir de diversas maneras, lo imprescindible es que al final podamos sentir que hay un equilibrio general, es decir, que algunos días cubre uno lo que el otro necesita y viceversa.

EL PORCENTAJE DE ENERGÍA

Para esto podemos usar el **juego de los porcentajes,** que consiste en avisar al otro del porcentaje de energía y paciencia disponible en ese momento y solicitar que me cubra si lo siento necesario. Esto, de nuevo, debe ser equitativo a largo plazo. Si coincide que ambos tenéis un 20 por ciento, o incluso menos, intentad trabajar en equipo y repartid entre vosotros las tareas necesarias de la forma más fácil posible, y, sobre todo, en esos momentos dejad de lado los temas espinosos. **Elegir momentos en los que tengamos un buen porcentaje de energía y paciencia para resolver conflictos también es muy importante.**

Hoy tengo un 20 por ciento; estoy agotada y bastante triste, ¿me puedes cubrir?

9
COMUNICACIÓN ASERTIVA EN PAREJA

¿CÓMO NOS COMUNICAMOS?

Las personas nos pasamos todo el día comunicándonos. Excepto las horas en las que estamos durmiendo, el resto del tiempo lo pasamos expresando emociones, pensamientos u opiniones de una forma u otra. Sin embargo, **solemos ser muy poco conscientes de cuál es nuestra manera de comunicarnos y de lo que transmitimos a los demás con el modo en el que lo hacemos.**

En la comunicación humana podemos encontrar principalmente **cuatro maneras de comunicarnos**:

¿CÓMO OS COMUNICÁIS?

ESTILOS DE COMUNICACIÓN

	PASIVA	AGRESIVA
¿En qué consiste?	No se comunican ni pensamientos ni emociones para evitar conflictos o molestar.	Se imponen los propios pensamientos y emociones de forma brusca y explosiva sin tener en cuenta los del resto (o incluso pisándolos).
Caracterís-ticas	• No se les da importancia a los propios pensamientos y emociones. • Al evitar los conflictos, se van acumulando.	• Se usan malas palabras, se generan movimientos corporales exagerados, se eleva el tono. • No se escucha la opinión de los demás y se suele atacar y actuar a la defensiva.
Ejemplo	*«Ah, al final esto sigue igual. Bueno, ya lo limpio, no pasa nada».*	*«Esto es una mierda, llevo todo el día en el trabajo y llego a casa y está el fregadero sin recoger. No has pensado ni siquiera en hacerme la cena sabiendo que llegaría cansado».*
¿Por qué sucede?	• Los conflictos se entienden como negativos y por ello se intentan evitar. • La persona se siente incapaz de enfrentarse al conflicto por las emociones que le genera.	• Se entienden los conflictos como una lucha en la que ganar o perder. • Hay mucha hiperactivación y se tiene la necesidad de atacar para defenderse.

ASERTIVA	PASIVO-**AGRESIVA**
Se comunican opiniones, emociones o pensamientos respetando los de la otra persona.	En un principio no se comunica nada para evitar conflictos, pero finalmente se acaba explotando o se sueltan indirectas.
↓	↓
• Se respetan las opiniones y emociones de los demás, pero comunicando también las propias. • Se resuelven los conflictos llegando a acuerdos.	• Se intenta no comunicar lo que se siente o se piensa. • Por no comunicar, el cúmulo de conflictos acaba llevando a la explosión. • Los conflictos y la expresión de ciertas emociones se entienden como algo negativo.
↓	↓
«Cariño, entiendo que hayas tenido algún inconveniente, pero dijimos que limpiarías tú, y al venir del trabajo me enfada ver que todo está igual. Me gustaría que hablásemos de por qué está pasando esto».	*«Me he callado mucho tiempo que tú no recoges el fregadero y de repente llegas diciéndome que por qué no lo he recogido yo. ¡¿En serio?! Si tú siempre te lo has dejado sin recoger y yo nunca te he dicho nada. ¡Lo he pasado por alto para no discutir! Esto es el colmo».*
↓	↓
• Se practica la empatía y la validación. • Se regulan las emociones antes de expresarlas. • Se entienden los conflictos como un espacio del que obtener acuerdos.	• Como no se comunican las emociones a tiempo, el vaso se acaba llenando y cuando se desborda ya no hay vuelta atrás. • La desregulación con temas pasados que no se expresaron en su momento se produce fácilmente.

La asertividad es el estilo de comunicación predilecto cuando hablamos de un vínculo seguro. En este sentido, en estudios científicos como el de Mónaco y en los estudios que dan base a la terapia racional emotiva podemos encontrar cómo en las relaciones más satisfactorias hay un mayor número de conductas basadas en este estilo de comunicación, junto a conductas asociadas a unas adecuadas competencias emocionales. Comunicarnos de forma asertiva nos permite resolver conflictos de un modo funcional y desde el concepto equipo, ya que hace posible que respetemos nuestra propia opinión o emoción y que la expresemos sin pisar la de nuestra pareja.

¿CÓMO ES VUESTRA COMUNICACIÓN EN PAREJA?

Recordad, a lo largo del ejercicio, aplicar la validación ante las respuestas del otro. Es importante ser ese refugio seguro, y para ello no juzgar al otro por lo que siente y expresa.

- ¿Creéis que vuestra comunicación es mayormente pasiva, agresiva, asertiva o pasivo-agresiva?
- En caso de ser pasiva, agresiva o pasivo-agresiva, ¿por qué creéis que es de ese modo?, ¿dónde pensáis que lo habéis aprendido? ¿Ha sido así en todas vuestras relaciones, o es una dinámica que se ha generado en vuestra relación actual?
- En caso de ser pasiva, ¿por qué evitáis comunicar lo que pensáis o sentís? Comentad vuestros miedos en este

¿CÓMO ES VUESTRA COMUNICACIÓN EN PAREJA?

sentido y qué os dificulta comunicaros de manera más asertiva.

- En caso de ser agresiva o pasivo-agresiva, ¿qué emociones os dominan cuando vuestra comunicación se vuelve agresiva? ¿Qué queréis conseguir con este tipo de comunicación? Comentad con vuestra pareja lo que os pasa en esas circunstancias y también cómo os encontráis posteriormente.

TÉCNICAS ASERTIVAS EN PAREJA

Vamos a detallar y practicar las principales técnicas asertivas en pareja de cara a construir un vínculo seguro y saludable. Debemos tener en cuenta que al principio nos resultará incómodo utilizar estas técnicas, y es normal. **Los mecanismos que no nos son familiares, porque no los hemos aprendido durante nuestro recorrido vital, siempre van a parecernos antinaturales cuando comencemos a usarlos.** Las técnicas de comunicación se aprenden, y mientras las aprendemos tendremos que ejecutarlas de un modo casi actoral. De este modo, poco a poco se irán convirtiendo en una respuesta más automática.

TÉCNICA DEL SÁNDWICH

Situación: llego a casa después del trabajo y me encuentro todo hecho un desastre, algo que ya habíamos hablado anteriormente.

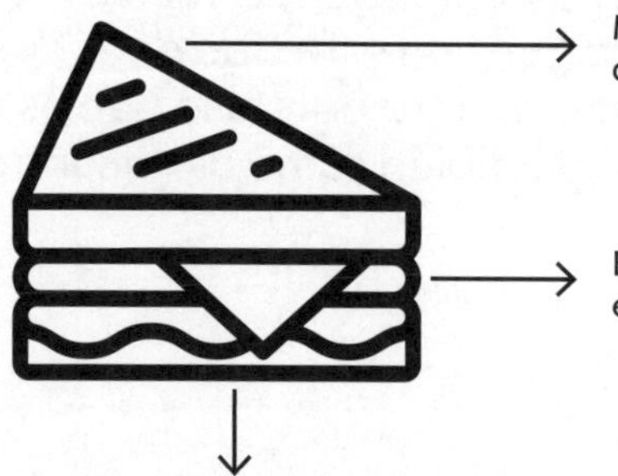

Muestro empatía, me pongo en el lugar de mi pareja (validación).

Expreso mi opinión, mis necesidades, el mensaje que quiero transmitir.

Comunico el para qué de mi mensaje en modo equipo.

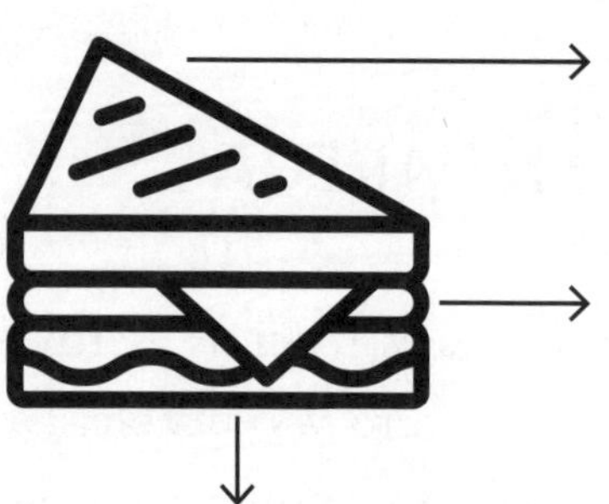

«Entiendo que quizá no te haya podido dar tiempo, o que el orden no sea tan importante para ti como lo es para mí».

«Cuando llego del trabajo necesito ver las cosas más ordenadas. Me estresa y me enfada mucho llegar y ver así la casa».

«Creo que lo mejor para nuestra pareja es que respetemos los acuerdos en este sentido, para no alterarnos y que ambos podamos sentirnos bien».

Pensad de manera individual en un conflicto que hayáis tenido recientemente. Practicad entre vosotros cómo lo habríais resuelto utilizando la técnica del sándwich.

TÉCNICA DEL ACUERDO ASERTIVO

Situación: mi pareja me dice que nunca la escucho cuando me habla y que no le presto atención.

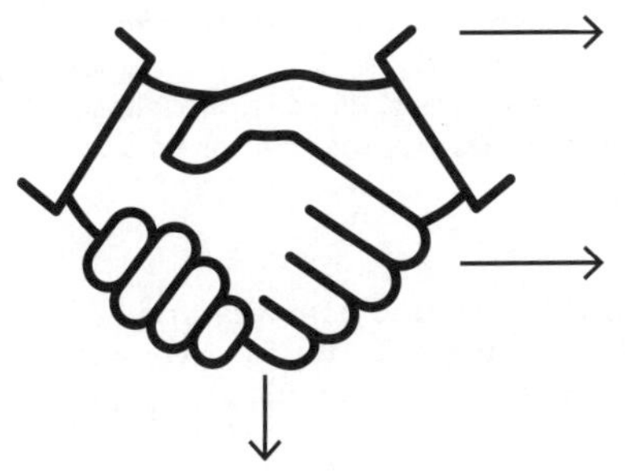

Reconozco la parte de razón que tiene el otro.

Expreso aquello con lo que estoy de acuerdo y evito la sobregeneralización.

Comunico el por qué nos viene mejor abordar esto desde el modo equipo.

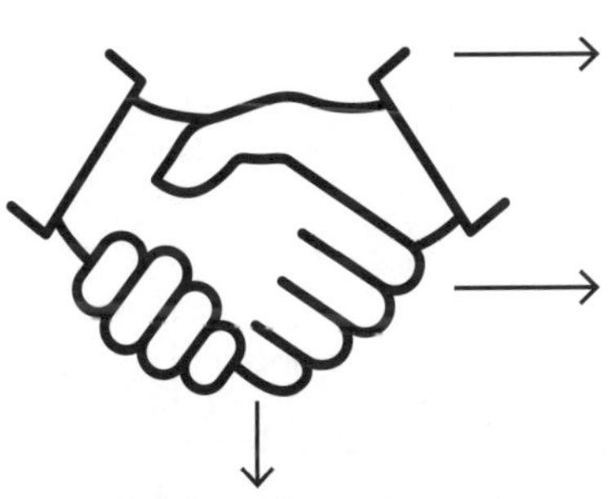

«Tienes razón en que me he distraído y no te he prestado toda la atención que te merecías».

«No me gusta que me lo digas de esa forma. No estoy de acuerdo con lo de que nunca te escucho ni que nunca te presto atención».

«Creo que lo mejor para nuestra pareja es que nos digamos lo que nos molesta de forma concreta, sin generalizar en términos de "siempre o nunca", para no sentirnos ofendidos».

Ahora os toca pensar en un conflicto que hayáis tenido en el que vuestra pareja tuviese parcialmente la razón, pero os hayáis sentido ofendidos por la manera de decirlo o la sobregeneralización. Practicad cómo lo habríais resuelto con la técnica del acuerdo asertivo.

TÉCNICA DEL SEMÁFORO

Situación: mi pareja me dice gritando: «Es que no puedo más, no te aguanto. Esto es insoportable, siempre estás igual con tus cosas».

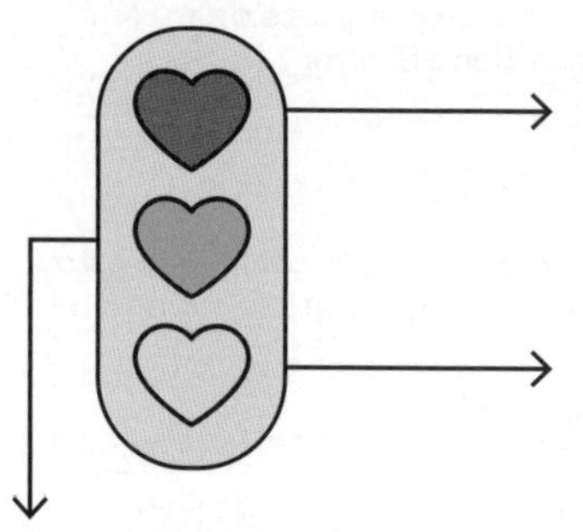

Identificamos en qué estado emocional está la pareja y en qué estado emocional estamos ambos. Puedo aplicar la palabra mágica que ya practicamos en otro ejercicio.

Pedimos permiso para retirarnos de la conversación hasta volver a estar, como mínimo, en amarillo.

Recordamos el por qué es importante parar si estamos en rojo desde el modo equipo.

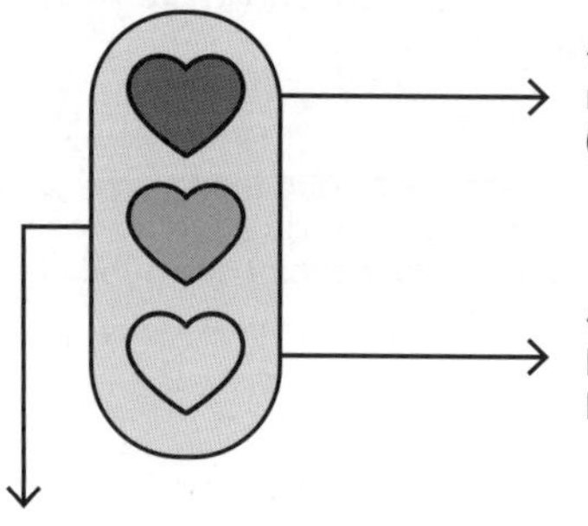

«Creo que nos estamos poniendo muy nerviosos y que estamos pasando al rojo». (Puedo hacer uso de la palabra mágica).

«Me gustaría que aplacemos la conversación para más tarde, cuando los dos nos encontremos más tranquilos».

«Tenemos que recordar que cuando estamos en rojo no somos capaces de solucionar conflictos. Lo mejor para nuestra pareja es que esperemos un rato y retomemos la conversación después. ¿Qué te parece dentro de una hora?».

Podemos aprovechar para usar la «palabra mágica» y llegar a acuerdos sobre el tiempo que nos vamos a dar para reflexionar, y también sobre las formas en las que vamos a solicitar el tiempo (se trata de retirarnos de la conversación hasta volver como mínimo al amarillo).

TÉCNICA DEL MODO EQUIPO

Situación: mi pareja me habla de forma agresiva echándome en cara que el sábado me vaya con mis amigos en lugar de ir con ella a una comida familiar.

Pensad de manera individual en un conflicto que hayáis tenido recientemente en el que os haya molestado algo de la forma de actuar o comunicar de vuestra pareja. Practicad entre vosotros cómo lo habríais expresado desde la técnica del modo equipo.

TÉCNICA DE LA ASERCIÓN POSITIVA

Situación: mi pareja y yo hemos tenido un conflicto esta mañana.

Reconocer algo del otro y expresar las cosas positivas que siento por parte de mi pareja.

Estamos acostumbrados a fijarnos más en lo negativo, ya que es parte del funcionamiento primitivo del cerebro. Sin embargo, reconocer y elogiar al otro, lo que hace bien y nos gusta, facilita la comunicación asertiva.

«Sé que esta mañana hemos tenido un conflicto difícil, pero quiero que sepas que valoro mucho que me hayas escuchado y que hayas intentado comprender mi punto de vista».

Probad a reconoceros algo que os haya gustado del otro. También podéis utilizar otras técnicas asertivas y aprovechar para hacer alguna verbalización positiva que contrarreste aquello que no os haya gustado. Esto ayuda a suavizar la conversación y a que el otro no se sienta atacado.

APRENDER A DESATASCAR CONFLICTOS

Sí, lo sabemos. Hay conversaciones, situaciones y temas que se nos pueden hacer tan difíciles que **terminamos por dejarlos estar**.

Esto es lo que se llama **guardar el polvo debajo de la alfombra**. Nos da una falsa sensación de bienestar, porque al evitar tratar el tema, también evitamos las emociones desagradables que nos genera el conflicto. Sin embargo, el conflicto suele volver. Es como el pelo que se va acumulando en el desagüe y que vamos dejando pasar mientras decimos «bueno, ya se lo irá tragando» (perdón por el ejemplo, sabemos que habéis creado la imagen en vuestra cabeza y el pelo mojado suele dar grima). Pues bien, finalmente llega el día en que el desagüe se atasca y el agua se desborda. **Conflicto que no se resuelve, conflicto que se atasca.**

El sentido de este libro es precisamente ese. Desatascar. Construir. **Los temas que no hablamos producen desconexión y desconfianza en la pareja, alejándonos así de una adecuada intimidad emocional.**

Justamente de esto trata el siguiente ejercicio: de identificar cuáles son los temas o conversaciones que se nos han quedado atascados en el desagüe para intentar solucionarlos por medio de las herramientas que hemos aprendido y de las que nos quedan por aprender. Vamos a filtrar el agua que forma nuestra pareja. Comunicándonos de manera asertiva nos aseguramos de desatascar el desagüe para que nuestra relación se conforme de agua pura y filtrada.

CÓMO CONSEGUIR AGUA DE MÁXIMA CALIDAD

Dani y Claudia hace tres años que están juntos. Dani lleva casi desde el principio sintiéndose incómodo con los padres y hermanos de Claudia, por comentarios hirientes e invalidantes sobre su lugar de nacimiento, su trabajo y su religión. Siempre que acude a las comidas familiares, la familia de ella hace chistes y comentarios en «modo risa» sobre Dani. Claudia ha pasado toda su vida viendo a su familia hacer bromas de ese tipo y no le da importancia.

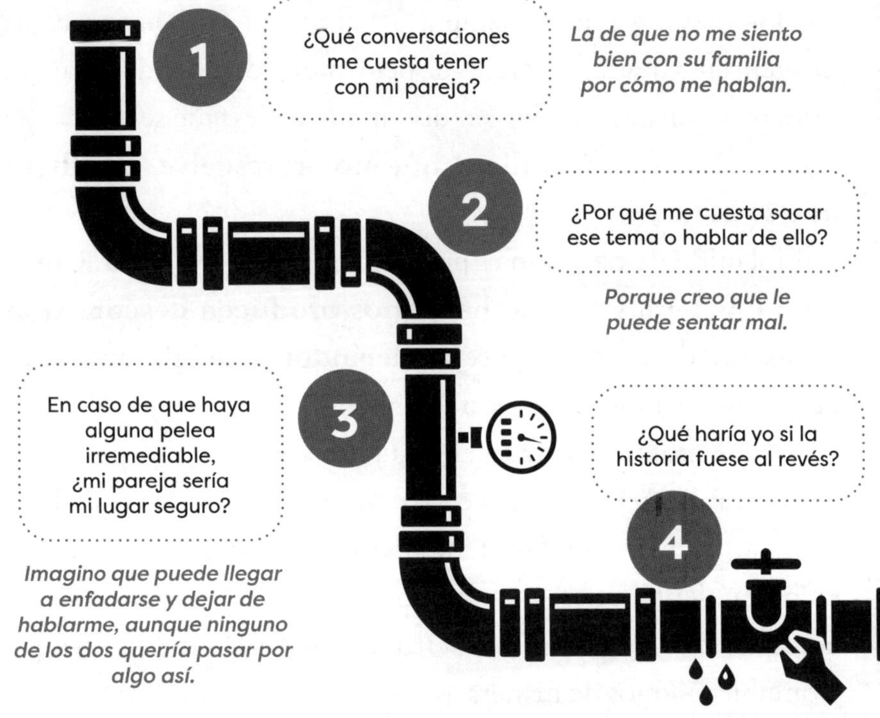

Dani ha estado mucho tiempo callado, ya que Claudia se lleva genial con la familia de Dani y no le parece justo poner sobre la mesa este problema que puede provocar mal rollo entre ellos y también entre las familias. El resultado es que Dani cada vez siente más ansiedad cuando se aproxima una comida o un evento familiar al verse incapaz de poner límites. Se siente triste y al mismo tiempo irritable por no poder comunicar lo que le pasa. Se siente solo y sin apoyo por no querer comunicarlo y por interpretar que Claudia debería darse cuenta y poner límites...

7

¿Cómo podría comunicárselo de manera asertiva?

Con la técnica del sándwich en pareja, por ejemplo: «Entiendo que es un tema muy desagradable y me ha costado mucho decírtelo, pero siento que tu familia no me trata lo bien que me gustaría y quería contarte cómo me siento y por qué, ya que quiero poder afrontar esto juntos».

6

¿Dejar de comunicar cumple con los valores que quiero para mi relación?

No, en tal caso dejaría de existir la confianza, la posibilidad de conversar sobre temas que nos duelen o sobre determinados conflictos.

5

¿Qué ganaríamos como pareja si solucionamos este conflicto?

Sentiríamos más seguridad y sensación de equipo por el hecho de resolver un conflicto que no deja de ser desagradable.

CONTINÚA...

CÓMO CONSEGUIR AGUA DE MÁXIMA CALIDAD

AHORA OS TOCA A VOSOTROS:

- **Pensad en esos conflictos que podáis tener atascados.** Aquellos que no hayáis conseguido hablar o resolver y que se han quedado como una tarea pendiente. Escribid una lista de manera individual.
- **Luego, seguid los siete pasos del ejemplo anterior** para responder a cada conflicto atascado de vuestra lista. Esas siete preguntas os guiarán y ayudarán a practicar el cambio de perspectiva y encontrar diferentes formas de comunicar de manera asertiva; además, podéis contar con las técnicas que hemos visto anteriormente.
- **Después, elegid un ambiente cálido y agradable** donde ambos os sintáis seguros y poned sobre la mesa algunos de esos conflictos atascados para comunicarlos de la manera asertiva que habéis pensado al hacerlo de forma individual. ¡No os olvidéis de la validación!

Los conflictos hacen a la pareja. Y la forma en la que los resolvemos da lugar a que nos acerquemos a una pareja funcional con un vínculo seguro, o a que nos alejemos de ello. Si algo queremos que se quede con vosotros de este capítulo es precisamente eso. Cambiar el foco y dejar de ver los conflictos como algo negativo. Cuando haya conflictos, intentemos hacerles frente. Tratemos de recordar las herramientas constructivas y de resolver los enfrentamientos llegando a acuerdos que puedan ser satisfactorios para ambos. **Una pareja saludable no es la que no tiene conflictos, sino aquella que los tiene a menudo (como es normal), pero sabe resolverlos como equipo.**

10

TIEMPO DE CALIDAD EN PAREJA Y PARCELAS INDIVIDUALES

CÓMO CREAR TIEMPO DE CALIDAD EN PAREJA

Cuando se habla de «pasar tiempo juntos», a veces se olvida que debe ser un tiempo de calidad. Es posible pasar tiempo estando solos físicamente. La diferencia es que, si queremos que sea de calidad, no solo vale con la presencia física, sino que es requisito imprescindible la **presencia emocional. La atención plena. No darle a la pareja el tiempo que sobra, sino el tiempo que se elige.**

El amor de pareja se construye juntos, y no hay mejor manera de construir que con atención, cuidado, mimo e interés. Por diferentes situaciones (hijos, trabajo, momentos vitales, etc.) puede ser complicado dedicar ese tiempo de calidad. Es por esto por lo que debemos buscarlo. Debemos elegir qué rato vamos a encontrar para hablar, para preguntarnos, para curiosear sobre el otro. Elegir cuáles van a ser nuestros ratos como pareja, no como compañeros de piso ni como padres. En principio, puede parecer fácil eso de prestar atención al otro, el problema es que existen muchos «ladrones» de nuestra atención. Los llamados **«distractores»**.

Los distractores más comunes con los que todos contamos en el día a día son las pantallas. Nuestro tiempo se basa en la productividad, la abundancia y la hiperestimulación. Las pantallas hacen que nuestra corteza prefrontal no pueda mantener una atención sostenida y focalizada, y eso provoca que nos cueste «estar en lo que estamos». Todo esto afecta directamente a la conexión y profundidad de nuestras relaciones de pareja. Conforme aumenta la calidad de la conectividad con el mundo online, más disminuye nuestra conexión humana.

¿Cómo vamos a validar si estamos mirando el teléfono? ¿Cómo podemos conectar si no nos miramos a los ojos? ¿Cómo expresar nuestro malestar si sentimos que la otra persona no nos está prestando atención?

El tiempo de calidad en pareja es un tiempo en el que los distractores no tienen protagonismo. Es un espacio en el que no se realiza ninguna otra tarea alternativa porque es un tiempo compartido, en el que nos prestamos atención y creamos un momento de intimidad emocional. **No es tiempo de calidad estar en pareja tomando un café si nos resulta imposible dejar de mirar el móvil.**

¿PASÁIS TIEMPO DE CALIDAD JUNTOS?

- ¿Cuáles diríais que son vuestras parcelas de tiempo de calidad?
- ¿Creéis que os falta tiempo de calidad en pareja?
- ¿Qué consideráis que os impide tener más tiempo de calidad? En este sentido, ¿qué está en vuestra mano cambiar?

Los distractores son placeres. **Los placeres son aquellas actividades que nos generan una satisfacción inmediata, sin esfuerzo** (ir de compras, jugar a los videojuegos, tener sexo sin involucrar nuestros sentimientos, ver porno, la comida basura, los *likes* de Instagram y un largo etcétera). En contraposición, encontramos **las gratificaciones**; es decir, las **actividades que a corto plazo suponen un esfuerzo, pero que a largo plazo nos hacen sentir gran satisfacción con nosotros mismos, y que suelen ir acordes a los valores que queremos mantener**.

Los placeres están guiados por el circuito de recompensa del cerebro, igual que sucede en el enamoramiento. Este circuito, debido a la dopamina, se conforma por momentos de felicidad muy intensos pero de corta duración, y nos va demandando más y más. Las gratificaciones, por otro lado, no son tan intensas, pero a largo plazo nos permiten vivir un estado de plenitud, armonía y estabilidad. **Construir un amor saludable es una gratificación.** Supone esfuerzo, pero nos permite vivir una conexión real, profunda y segura con otro ser humano al que elijo y que me elige. Alejarnos de los placeres es difícil, sin lugar a dudas. Y con esto no decimos que tengamos que suprimirlos, pero si queremos una relación saludable y con un vínculo seguro, debemos encontrar un equilibrio. Cuanto más vivamos de placeres, menos nos apetecerán las gratificaciones, puesto que el cerebro se acostumbra a los subidones de dopamina y todo lo demás le parece escaso. Si no nos apetecen las gratificaciones, porque nuestro cerebro solo nos demanda placeres inmediatos e intensos, **¿cómo podemos construir y cultivar una relación de pareja con el esfuerzo, la paciencia y el trabajo que requiere?**

Formular vuestro tiempo de calidad será el paso imprescindible. Esta fórmula la dividiremos en tres partes: los distractores o ladrones que existen en vuestra relación (que deberéis reconocer para evitarlos al planificar vuestro tiempo de calidad), momentos para conectar con el presente, y cómo y cuándo llevar a cabo esos momentos.

LA FÓRMULA DEL TIEMPO DE CALIDAD

$$m = \frac{f(x_2) - f(x_1)}{x_2 - x_1}$$

Luz, sonido y movimiento

Restan −

DISTRACTORES:

móvil,

ordenador,

televisor,

centrarme solo en mí,

atender en exceso a objetos u otras personas del entorno,

etcétera.

Suman +

¿CÓMO Y CUÁNDO LLEVAR A CABO ESOS MOMENTOS?:

por sorpresa,

al aire libre,

de manera planificada,

durante el fin de semana,

en vacaciones,

cenando o comiendo,

en «momentos cama»,

etcétera.

Momentos para compartir que os gusten o necesitéis

Suman +

MOMENTOS PARA CONECTAR CON EL PRESENTE:

pasear,

contar un problema,

ir al cine,

planificar un viaje,

descubrir cafeterías,

hablar,

etcétera.

=

Tiempo de calidad

RESULTADOS:

Ir a descubrir cafeterías el finde por Madrid y poner el móvil en modo avión.

Hablar de algo que me preocupe, o preguntar al otro cómo ha ido su día mientras cenamos (sin mirar la tele ni el móvil).

En esencia se trata de decidir qué hacer, cómo y cuándo hacerlo, eliminando aquello que ya conocemos o que sabemos que nos puede desviar de estar presentes.

CREAR CITAS DE TIEMPO DE CALIDAD

Aprovechando la fórmula anterior, ¡vamos a crear citas!

1. Planificad el momento de **vuestra cita semanal.** Por ejemplo, vamos a realizar esta actividad los domingos por la tarde (si algún domingo no se puede, se hace un cambio puntual). Al inicio de semana, sacaréis el papelito para tener tiempo de planear la actividad que os haya tocado.

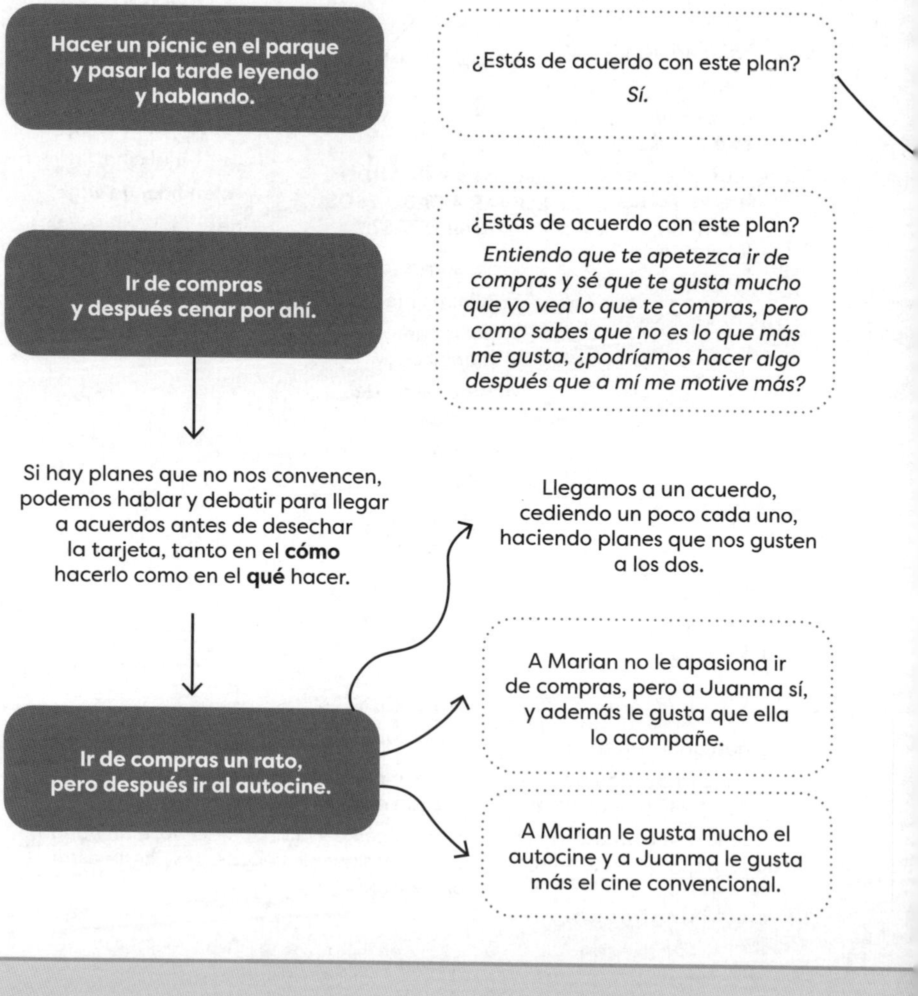

Hacer un pícnic en el parque y pasar la tarde leyendo y hablando.

¿Estás de acuerdo con este plan?
Sí.

Ir de compras y después cenar por ahí.

¿Estás de acuerdo con este plan?
Entiendo que te apetezca ir de compras y sé que te gusta mucho que yo vea lo que te compras, pero como sabes que no es lo que más me gusta, ¿podríamos hacer algo después que a mí me motive más?

Si hay planes que no nos convencen, podemos hablar y debatir para llegar a acuerdos antes de desechar la tarjeta, tanto en el **cómo** hacerlo como en el **qué** hacer.

Ir de compras un rato, pero después ir al autocine.

Llegamos a un acuerdo, cediendo un poco cada uno, haciendo planes que nos gusten a los dos.

A Marian no le apasiona ir de compras, pero a Juanma sí, y además le gusta que ella lo acompañe.

A Marian le gusta mucho el autocine y a Juanma le gusta más el cine convencional.

2. Individualmente, cread una **tarjeta con una actividad que os apetezca llevar a cabo en ese tiempo pactado;** después, compartid la actividad y pedid al otro su confirmación.
3. Las que sean aceptadas por ambos pueden lanzarse a la caja; las que no, tocará intentar llegar a un acuerdo, o desecharlas explicando el porqué. Por ejemplo: prefiero no ir a la actividad de realidad virtual porque no es un plan que me apetezca y me mareo al ponerme las gafas; además, no me motiva; ¿para ti es fundamental hacer ese plan?

Además de estas citas más concretas, en las que podéis disfrutar de algo diferente, es muy importante el tiempo de calidad que os dedicáis en el día a día. Es decir, en la rutina. Por lo general, con todo lo que llevamos en la cabeza, es muy complicado dedicarle tiempo al otro, y a veces nos sentimos como compañeros de piso que se ven para preparar la cena e irse a dormir. Para solventar esto, os proponemos crear **rutinas de espacio emocional**.

CREAR RUTINAS DE ESPACIO EMOCIONAL

1

Apuntad en un papel los momentos en que coincidís en casa.

Por ejemplo: antes de irnos a dormir, al llegar por la noche, en la cena, al irnos a la cama, etc.

2

¿Cuáles de esos momentos podéis utilizar como rutina de espacio emocional? (Buscad espacios en los que sea posible conectar en profundidad).

Por ejemplo: el momento de cenar o el de irnos a la cama.

3

Debatid y decidid sobre cómo lograr unas buenas rutinas de espacio emocional:

- ¿Qué momentos creéis que pueden ser más fáciles para ambos?
- ¿Qué distractores vais a eliminar de ese momento?
- ¿Cómo vais a hacer para sentiros escuchados y conectados?

- Creemos que nos resultará más fácil el momento de la cena, porque al irnos a la cama, uno de los dos se suele quedar dormido primero.
- Eliminaremos los móviles y la tele.
- Nos preguntaremos por nuestro día, dándole espacio a cada uno para expresarse, validándonos mutuamente y mirándonos a los ojos a menudo.

CREAR RUTINAS DE ESPACIO EMOCIONAL

Poco a poco podéis ir incorporando más rutinas de espacio emocional, las que veáis necesarias para vuestra pareja y con las que ambos os podáis sentir cómodos.

Tanto en estas rutinas de espacio emocional como en las citas concretas de tiempo de calidad hay una cosa imprescindible: **estar presentes**. Como ya hemos comentado, el tiempo de calidad se define como un tiempo en el que no solo estoy físicamente, sino también emocionalmente. Así pues, os dejamos una pequeña guía para poder estar en el aquí y el ahora en esos momentos pautados de tiempo de calidad.

(Esto es importante: si alguno de los dos no es capaz de estar en el momento presente porque estáis pasando por una problemática psicológica adicional, será recomendable pedir ayuda terapéutica antes de realizar las siguientes pautas. Es probable que en ese caso se necesite un trabajo individual antes de poder estar «presente»).

CÓMO ESTAR AQUÍ Y AHORA CON TU PAREJA

Mira a tu pareja a los ojos, conecta con ella, hazle ver que no hay nada más importante.

Pregunta, pon en acción el modo curiosidad, comparte, dialoga, debate.

Expresa tanto lo bueno como lo malo, ofrece tu mundo interno.

Escucha y valida a tu pareja.

Deja atrás cualquier cosa **no urgente** que te aleje del momento presente.

Utiliza **palabras y gestos** para que se vea que prestas atención.

Quizá, a veces podemos tener la impresión de pasar mucho tiempo con nuestra pareja, pero luego no sabemos ni cómo le ha ido el día. **Para conectar emocionalmente necesitamos que no haya nada ajeno que se interponga en ese espacio.** Puede ser útil, por ejemplo, que cuando nuestra pareja nos hable, dejemos explícitamente el teléfono boca abajo. Es decir, realizar actos que demuestren que toda nuestra atención irá para la otra persona.

En relación con el tiempo de calidad y de estar presentes no podemos olvidar la validación y el vínculo seguro. Si esto existe, podemos expresar cualquier cosa. Esto significa que si el día que habéis quedado para vuestra cita, o en vuestra rutina de espacio emocional, sentís que algo os aleja de ese momento y que no estáis prestando atención, es importante tener la confianza de comunicarlo. Un ejemplo de ello: «Llevo todo el día pensando en la prueba de mañana y no logro concentrarme en lo que me dices, lo siento, quiero escucharte, pero ahora mismo me siento incapaz; ¿te importa que me vaya a la ducha y que hoy hablemos en la cama en lugar de en la cena?».

No hace falta que todo sean citas extravagantes fuera de casa. Muchas veces puede que no tengáis tiempo para tener citas, pero eso no quiere decir que no podáis tener tiempo de calidad. **A veces nos esforzamos en «no caer en la rutina», sin darnos cuenta de que la rutina es lo que nos permite crear un clima de verdadera intimidad emocional. Sin la rutina no hay calma.** Y la calma es el único espacio en el que puede funcionar la oxitocina, la hormona del amor y de las conexiones humanas. La rutina no apaga llamas. Al menos no cuando existen momentos de conexión, cuando le dedico tiempo del que elijo y no del que me sobra a la otra persona, cuando realmente escucho, valido y comprendo, cuando me esfuerzo en conocer al otro y en que me conozcan. El problema es que muchas veces a lo que llamamos rutina es a dejar de construir en pareja y habernos apartado del modo equipo, y eso sí que nos lleva a desmotivarnos y agotarnos.

¿HABLAMOS DE SEXUALIDAD Y PASIÓN?

La sexualidad es una parte muy importante en la pareja. En cierta medida, es lo que nos diferencia de una amistad. Sin embargo, es un área en la que recae demasiada responsabilidad. Creemos a menudo que las ganas deben surgir, y esto, en las relaciones de muchos años, no suele suceder tan a menudo como nos gustaría.

La pasión es lo primero que disminuye con el tiempo en una relación duradera, mientras que la intimidad (la comunicación, la confianza, la conexión, etc.) y el compromiso aumentan. Por eso, la intimidad sexual suele pasar por muchas crisis en las relaciones largas, porque es algo que va y viene y por el camino se entretiene. Y este justamente es el problema. Esperar a que venga, cuando es algo que debemos buscar. Al igual que el tiempo de calidad en pareja no surge porque estamos rodeados de distractores, hiperestimulación e hiperproductividad, con el tiempo de calidad sexual sucede otro tanto; por lo cual, **el tiempo de calidad sexual debemos buscarlo, planearlo y hablarlo**. Muchos de los errores que cometemos a la hora de alejarnos de la idea de un vínculo seguro, como hemos visto hasta ahora, están en la comunicación, y esto no es diferente.

Otro asunto que entra en juego son las expectativas. La pareja no puede llevar encima la losa de cubrir nuestras necesidades emocionales, sociales y sexuales todo el tiempo, porque es agotador y hace que ante tanta exigencia se desgaste. Claro que hay que sentir satisfacción a un nivel general, pero como decíamos con los porcentajes, no en todos los ámbitos, ni a todas horas ni todos los días.

Comunicarnos sobre nuestras necesidades y encontrar esos momentos de sexualidad es mucho más complicado de lo que parece. Por eso, las rutinas de espacio emocional son de gran ayuda. Como podemos observar en los estudios sobre la respuesta sexual humana de la sexóloga Rosemary Basson, es necesaria una adecuada intimidad emocional, confianza y comunicación para que la sexualidad resulte satisfactoria en pareja. Y no es de extrañar, porque si tenemos esto, cuando surjan desavenencias o conflictos con relación a lo sexual, también podremos resolverlos.

NUESTROS MOMENTOS DE INTIMIDAD SEXUAL

- **Comunicaos sobre vuestra sexualidad.** Preguntaos el uno al otro si estáis satisfechos, si sentís que os falta algo, si el modo de tener sexo es agradable para ambos.
- **Hablad de las dificultades que creéis que existen en este ámbito.** Quizá os frustra porque os ponéis exigencias como «me debería apetecer más» o semejantes. Quizá os frustra porque alguno de los dos siempre quiere más, y que el otro no quiera os hace sentir rechazados.

CONTINÚA...

NUESTROS MOMENTOS DE INTIMIDAD SEXUAL

- **Haced tres listas para conoceros mejor en este ámbito y aprender a realizar una comunicación más eficaz, sexualmente hablando:** una primera lista con esas cosas que os gustaría probar, y de las que quizá nunca habláis, otra con las cosas que os gustaría mejorar (recordemos la validación y la comunicación asertiva) y otra con vuestras fantasías o deseos (aquí es posible incluir cosas divertidas, también se puede conectar desde el humor y bromear con las fantasías propias y ajenas).

COSAS QUE NOS GUSTARÍA PROBAR

- ....
- ....
- ....
- ....

COSAS QUE NOS GUSTARÍA MEJORAR

- ....
- ....
- ....
- ....

FANTASÍAS O DESEOS

- ....
- ....
- ....
- ....

- **Hablad y pactad momentos de intimidad sexual.** Por ejemplo, una vez a la semana nos iremos juntos a la cama, pondremos unas velas e intentaremos crear un clima de intimidad para buscar libremente qué nos apetece, sin forzar ninguna conducta en concreto.

Para este último punto tengamos en cuenta que el acto sexual no solo es sexualidad o intimidad. Estar en la cama, mirarnos, acariciarnos, bromear, tocarnos, sentirnos... Todo esto también pertenece a lo que llamamos «sexualidad en pareja» y también tenemos que dedicarle tiempo. **Si limitamos la sexualidad al acto sexual, nos perdemos la conexión emocional que marca la diferencia y hace que la sexualidad en pareja pueda ser plena y satisfactoria, llena de juego y complicidad.**

MI UNIVERSO: EL TIEMPO DE CALIDAD CON NOSOTROS MISMOS

Si lo que hemos aprendido y desarrollado durante nuestra vida es una forma de vinculación segura, lo usual es que tengamos una intimidad propia e individual. Una intimidad en la que tienen cabida las conversaciones con uno mismo, las diferentes actividades agradables que nos gusta hacer a cada uno, las amistades propias, etc.

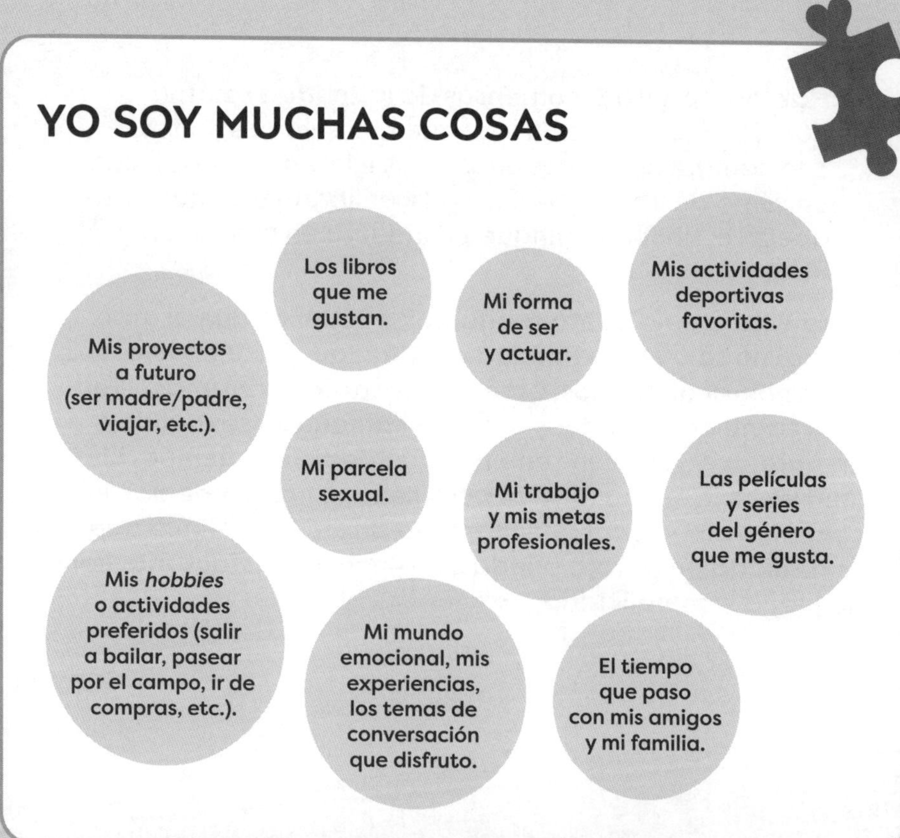

Todo esto nos forma como persona individual. Y forma también muchas de esas parcelas que disfrutamos tener y que nos hacen conectar con nosotros mismos en un plano emocional, de autoconocimiento.

¿CONOCÉIS VUESTRAS PARCELAS Y LO QUE OS HACE SER QUIENES SOIS?

- Intentad hacer vuestro propio círculo individual y rellenad cada uno de los minicirculitos que aparecen dentro con aquello que os represente. Podéis añadir todos los minicirculitos que creáis necesarios.

Cuando tenemos una forma segura de vincularnos con los demás y disfrutamos de una intimidad propia, al conocer a otra persona como pareja, esta también llega con su propio círculo, su propia intimidad y su relación construida consigo misma.

TU UNIVERSO Y EL MÍO

Los libros que me gustan.

Mi forma de ser y actuar.

Mis actividades deportivas favoritas.

Mis proyectos a futuro (ser madre/padre, viajar, etc.).

Mi parcela sexual.

Mi trabajo y mis metas profesionales.

Las películas y series del género que me gusta.

Mis *hobbies* o actividades preferidos (salir a bailar, pasear por el campo, ir de compras, etc.).

Mi mundo emocional, mis experiencias, los temas de conversación que disfruto.

El tiempo que paso con mis amigos y mi familia.

Los libros que le gustan.

Su forma de ser y actuar.

Sus actividades deportivas favoritas.

Sus proyectos a futuro (ser madre/padre, viajar, etc.).

Su parcela sexual.

Su trabajo y sus metas profesionales.

Las películas y series del género que le gusta.

Sus *hobbies* o actividades preferidas (salir a bailar, pasear por el campo, ir de compras, etc.).

Su mundo emocional, sus experiencias, los temas de conversación que disfruta.

El tiempo que pasa con sus amigos y su familia.

Esto es muy enriquecedor. Los dos tenemos nuestro propio universo y empezamos a conocer el universo del otro. Comenzamos a hablar de los libros que nos gustan a cada uno, las películas, nuestros proyectos, cómo nos gusta pasar el tiempo con amigos y familia, nuestras experiencias, etc. **Encontramos gustos compartidos y gustos separados.** Empezamos a entender al otro, a comprender su mundo y aceptarlo. Y entonces, poco a poco, vamos formando un **universo compartido**. Un universo que no es ni el tuyo ni el mío, sino el nuestro.

Ni nuestro universo personal ni el de nuestra pareja desaparece. Desde el vínculo seguro, **no nos fusionamos**. Lo que hacemos es compartir nuestros universos, y a través de ese compartir, de las conversaciones, de los conflictos, de las experiencias, creamos ese universo común. En una primera fase de enamoramiento suele suceder que nos olvidamos un poco (o bastante) de nuestro propio universo. Lo dejamos de lado porque la neuroquímica de nuestro cerebro nos impide pensar en otra cosa que no sea la persona de la que nos hemos enamorado. Es una de las características del enamoramiento, el querer fusionarse con el otro. Pero una vez que vamos dejando atrás el enamoramiento y que vamos avanzando hasta llegar al «amor maduro», **es imprescindible recuperar los cachitos de universo que nos hayamos dejado durante esa fase de subidón emocional**. Si no hacemos esto, si no recuperamos ese universo propio, estaremos poniéndole encima a la pareja la enorme carga de ser el único universo que tenemos, y pocas parejas sobreviven a eso.

Con estas parcelas individuales, cuando no hay un vínculo seguro en la relación, pueden pasar dos cosas.

La primera, que los universos se fusionen de tal modo que, o bien el universo individual que tenía cada uno va desapareciendo poco a poco (como sucede en el enamoramiento), o solo se mantiene el universo individual de uno de los dos, al cual el otro se adapta. **Esto suele suceder cuando en la pareja uno de los dos tiene un estilo de apego más ansioso.**

Este estilo tiende más fácilmente a la dependencia no funcional porque su base está en el miedo al rechazo y al abandono, y, como consecuencia, al miedo a la soledad. Esto hace que con tal de no sentir esas sensaciones uno se olvide de su propio universo para satisfacer al otro. A corto plazo reduce la ansiedad, porque parece que se «evita» ese rechazo o abandono, pero a largo plazo produce **gran insatisfacción** al sentir que solo se vive por y para la otra persona y que **la reciprocidad absoluta nunca llega**. Por esto, muchas veces las personas con una tendencia ansiosa en la vinculación se sienten crónicamente insatisfechas con lo que reciben del otro.

Siempre será menos de lo que dan, porque lo dan todo (incluyendo su propio universo y sus parcelas).

Si no tenemos una intimidad propia, si no tenemos claro lo que nos gusta y lo que somos, ¿cómo vamos a compartir algo con la pareja? ¿Cómo tener una intimidad real con el otro si no la tenemos individualmente? Es una tarea casi imposible. En esos casos, debemos incidir en recuperar, o crear desde cero si es necesario, un universo propio e individual.

CREA TU PROPIO UNIVERSO

- Recupera el círculo que has rellenado en el ejercicio anterior. ¿Cuáles de esas cosas que has identificado haces actualmente con regularidad?
- ¿Qué actividades detectas que has dejado por el camino y que disfrutabas hacer sin tu pareja?
- ¿Por qué crees que has dejado de hacerlas?
- ¿Qué actividades siempre has querido probar y no has hecho?
- ¿Qué podrías hacer para aumentar esas parcelas individuales?

Si actualmente no tienes ninguna actividad que consideres que pertenece a la «parcela individual», empieza por incluir una.

Leer un libro que te guste solo a ti, ver una película a solas en el cine (porque tú lo disfrutas y a tu pareja no le gusta), probar una nueva actividad deportiva que no compartas con tu pareja, etc. Si quieres, puedes crear una cajita como la del tiempo de calidad en pareja en la que introducir actividades de parcela individual y cada semana sacar una diferente.

¡Hazlo divertido!

Lo segundo que puede pasar con las denominadas «parcelas individuales» es que los dos universos se mantengan exactamente igual. Es decir, que no se pueda crear un universo «nuestro». Esto suele pasar cuando en la pareja uno de los miembros tiene un **estilo de apego más evitativo**. Al no crearse una conexión emocional real y profunda, por el miedo a conectar y perder así la propia independencia, no se da pie a un universo común. En otras palabras, equivale a decir: «Yo mantengo mi universo y tú mantén el tuyo, porque no quiero que dependas de mí ni yo depender de ti en nada». **Es una lucha por mantener la independencia total a toda costa, y eso en las relaciones de pareja es imposible.**

En esos casos debemos esforzarnos por compartir más de nuestro propio universo. Compartir y crear juntos, porque dentro de ese universo conjunto también hay muchas actividades que antes eran individuales y que pasan a ser conjuntas, quizá porque coincidimos en gustos o porque al otro le gusta hacer eso con nosotros por vernos felices. Y esto también es algo que debemos aprender a disfrutar en pareja. Si os sentís identificados con ser muy celosos con vuestro universo, probad a reflexionar y a hacer algunos cambios.

COMPARTE TU UNIVERSO

- Recupera el círculo que has rellenado en el ejercicio anterior. ¿Cuáles de esas actividades que has identificado has intentado compartir con tu pareja? Puedes tratar de compartirlas a partir de hoy. Quizá hablando de algunas que no hayas mencionado antes, invitando al otro a que las pruebe contigo, etc.
- ¿Qué actividades detectas que te cuesta más compartir? ¿Por qué crees que es así?
- ¿Qué actividades podrías intentar compartir? Comienza por las que te resulte más fácil (dentro de las que aún no compartes).
- ¿Qué parcelas individuales son las más importantes para ti? ¿Crees que tu pareja respeta tus parcelas?
- Reflexiona sobre cómo mantener las parcelas individuales y a la vez poder crear un universo conjunto con la pareja.

Desde ese vínculo seguro en el que estamos trabajando, también será importante **la comunicación acerca de cuándo necesito mi parcela individual y sobre cómo llevar a cabo ciertas actividades en solitario** (aunque sea con mis amigos o mi familia). Y aprender a respetar esos espacios será fundamental si queremos que el otro se sienta cómodo en sus propias parcelas individuales, a la vez que creamos tiempo de calidad en pareja.

Por último, vale la pena recordar que este es un libro práctico y general. Si hay un problema de miedo al rechazo, al abandono, a la soledad, a conectar emocionalmente con el otro o estamos ante patrones de vinculación disfuncionales, lo más probable es que estas herramientas, aunque puedan ser de ayuda, sean insuficientes. Entonces, será imprescindible realizar un proceso terapéutico individualizado.

11
CONCEPTO EQUIPO

Nos acercamos al final, así que esperamos que hayáis disfrutado de leer este libro como lo hemos hecho nosotros al escribirlo. Por suerte, aún nos queda una parte preciosa: recordar el concepto equipo y clarificar cómo trabajar en mantener un vínculo seguro a largo plazo.

La pareja es una construcción continua, y como tal no hay manera de tener un vínculo seguro para toda la vida sin esfuerzo. El vínculo seguro lo tengo que forjar cada día, y por eso las relaciones no son algo que se puedan dejar estar, sino que de vez en cuando **debemos hacer una revisión** de: ¿cómo nos sentimos?, ¿cómo se siente nuestra pareja con nosotros?, ¿hay algo que podamos mejorar como pareja?, ¿somos un refugio seguro el uno para el otro?

ENEMIGOS DEL VÍNCULO SEGURO

No comunicar mis necesidades y dar por hecho que el otro debe saberlas.

Falta de interacciones positivas y de reforzamiento positivo al otro.

No sentir una equidad general entre lo que uno da y recibe.

Que haya un reparto desigual del poder y no tener una relación horizontal.

Falta de asertividad y comunicación pasiva, pasivo-agresiva o agresiva.

Falta de tiempo de calidad en pareja o individual.

No ser refugio seguro el uno para el otro.

Tener conflictos disfuncionales.

No regular la emoción antes de expresarla.

Falta de validación emocional y empatía.

No construir y que la relación se dé por inercia. Falta de conocimiento de las mochilas del otro.

Falta de responsabilidad afectiva. No pedir perdón ni reparar las heridas.

ENEMIGOS DEL VÍNCULO SEGURO

¿QUÉ ENEMIGOS HABÉIS DESCUBIERTO?

- ¿Habéis detectado cuáles son los mayores enemigos en vuestra pareja? Podéis rodearlos con un círculo.
- ¿Cuál creéis que es el enemigo que más trabajo os va a costar erradicar?
- Si queréis, con los enemigos seleccionados haced una lista equiparando cada enemigo a la herramienta que vais a utilizar para intentar ponerle una solución. Por ejemplo, para el caso de «no poder regular la emoción antes de expresarla» es posible utilizar la herramienta de la palabra mágica y el ejercicio de regulación individual en cinco pasos.

Una relación no es fácil, y muchas veces implica preguntarse si realmente somos capaces de poner toda la carne en el asador, de poner la energía y la constancia que supone una pareja. **Hay muchísima gente con pareja, pero quizá no tanta dispuesta a esforzarse.** Puede que por todas esas creencias erróneas que tenemos sobre el amor en las que se nos enseña que es fácil, que basta con querer al otro y que todo lo demás vendrá rodado. Esto no es así en absoluto. Querer al otro es solo el principio de la construcción. **Querer al otro se convierte en esa semillita que plantamos cuando empezamos a cultivar una planta. Pero plantar la semilla no es suficiente.** Necesita que la reguemos, que la cuidemos, que la pongamos al sol de vez en cuando, que le cambiemos la tierra, etc. Y, a pesar de ello, aunque lo hagamos todo perfecto, muchas veces parece que a la plantita se le empiezan de nuevo a caer las hojas que tanto nos costó ver crecer. Y entonces hay que volver a iniciar el proceso, volver a cambiar la tierra, regarla con más mimo…

Todo ello constituye una relación segura y satisfactoria. Una relación en la que cultivamos juntos y no descuidamos nuestra planta, sino que la revisamos cada vez que podemos para ver que tenga la luz, el agua y el cuidado necesarios.

RELACIÓN SEGURA Y SATISFACTORIA

- Construimos juntos la relación, entendemos las mochilas del otro y su forma de vincularse. Somos comprensivos.
- Se mantienen más cantidad de interacciones positivas que negativas.
- Equidad general (que no diaria) entre lo que uno da y lo que recibe.
- Relación horizontal en la que el reparto de poder es equitativo.
- Expresión emocional y comunicación asertiva.
- Se mantienen conflictos funcionales.
- Estar disponibles y accesibles y ser refugio seguro de forma recíproca.
- Hay tiempo de calidad tanto en pareja como individual.
- Regular la emoción antes de hablar para no hacerlo hiperactivados.
- Validación emocional y empatía de forma recíproca.
- Cada uno comunica abiertamente sus necesidades.
- Responsabilidad afectiva. Se pide perdón y se reparan heridas.

EL PUZLE

Este ejercicio es un resumen del recorrido que habéis hecho en este libro. ¡Ojo, que es un ejercicio que lleva tiempo! Reservaos un momento en el que no tengáis más planes para poder estar presentes durante la actividad.

Lo que vamos a hacer es ver qué piezas tenemos, cómo funcionan esas piezas y cómo podemos encajarlas para que todo funcione en dirección al vínculo seguro. Para esto vamos a ver si la pieza que falta la tiene el otro y nos puede echar una mano o si, por el contrario, necesitamos aprender a usar una herramienta externa. En este puzle vamos a jugar con **tres tipos de piezas:**

1. **Pieza roja:** debilidad/aspecto que se os da peor a ambos o a uno de los dos.
2. **Pieza azul:** fortaleza/aspecto que se os da bien a ambos o a uno de los dos.
3. **Pieza amarilla:** herramienta de trabajo externa que se puede aprender a utilizar.

Aquí tenemos que recordar que el modo equipo no va de competir. No se trata de ver quién tiene más rojos o contar los azules de cada uno, sino dar con la pieza azul o amarilla que nos ayude a mejorar nuestro vínculo hacia un punto más seguro y satisfactorio.

Teniendo en cuenta estas piezas, pueden pasar tres cosas:

1. Que uno tenga **una pieza roja (debilidad)** y la otra persona tenga una **pieza azul (fortaleza)** con la que le puede ayudar. Por ejemplo: si a mi pareja le cuesta tomar la iniciativa a la hora de hacer planes diferentes, yo puedo

CONTINÚA...

EL PUZLE

ser la pieza que encaja justo ahí encargándome más a menudo de buscar planes, porque eso me motiva; si a mí me cuesta la comunicación cuando estoy enfadado, mi pareja puede ser la pieza que encaja metiendo humor a la conversación o intentando dar un tono más asertivo al conflicto. Que la pieza sea roja no significa que de por vida se tenga que quedar así. Es decir, no me puedo acostumbrar a ser toda la vida una pieza roja que grita al discutir. Pero tener una pieza azul a mi lado puede ayudarme a trabajar en esa transición hacia una comunicación asertiva.

2. Que los dos tengáis la misma pieza roja (por ejemplo: cuando ambos estáis enfadados habláis de un modo agresivo). En este caso lo que se busca es una **pieza amarilla**. Es decir, una herramienta que os pueda servir para mejorar esta «debilidad» (por ejemplo: la pieza amarilla podría ser la de usar la técnica asertiva del semáforo).
3. Que no encontréis ninguna pieza azul ni amarilla que os funcione. En este caso, la mejor opción es pedir ayuda profesional. Si no conseguís llegar a un punto común, y es un tema que afecta a la calidad de la relación, será difícil mantener los valores estructurales de la pareja y por lo tanto el vínculo seguro.

Habrá piezas que ahora mismo no puedan encajar, porque hay trabajo y esfuerzo de por medio; lo que buscamos es hacer «vuestro puzle», que podáis visualizar y comprender dónde estáis como pareja y cómo poder trabajar vuestras «debilidades» como equipo.

Ahora es vuestro turno. Este puzle sois vosotros.

CÓMO ENCAJÁIS

Instrucciones:

1. Escribid vuestras piezas rojas.
2. Para cada pieza roja, el otro debe intentar poner una pieza azul al lado.
3. Si no hay pieza azul, intentad buscar una pieza amarilla con la que trabajar.

Debilidades: **rojo** Fortalezas: *azul* Herramientas de trabajo: **amarillo**

Evito hablar de cómo me siento

Refuerzo cuando habla el otro e intento validarlo

Elevo el tono cuando me quitan la razón

Le recuerdo mis límites o digo una palabra clave

Somos muy orgullosos y estamos días sin hablarnos

Hablar teniendo en cuenta aspectos como la validación y el perdón

Y LLEGAMOS AL FINAL DEL LIBRO...

Estamos tristes, apenados y muy contentos al mismo tiempo. Vaya buena combinación, ¿verdad? Este camino para nosotros ha sido maravilloso, y por eso nos da pena que acabe, pero nos hace inmensamente felices saber que ahora estamos en vuestras manos. Si habéis llegado hasta aquí es porque habéis atravesado todo este proceso con nosotros a vuestro lado. Cada ejemplo y cada ejercicio que hemos plasmado en estas hojas ha sido pensando en vosotros, en las dificultades que sabemos que pueden surgir en pareja, intentando que todo sea fácil de entender y al mismo tiempo proporcionando la motivación suficiente para trabajar en ello sabiendo que no son tareas sencillas.

Y ahora, ¿nos toca deciros adiós? Por supuesto que no. Esto no es un adiós, es un hasta luego. Confiamos en que este libro os acompañe, lo abráis cuando nos necesitéis o nos consultéis cuando dudéis. **Este libro sois vosotros, vuestro equipo.** Y si nos lo permitís, nosotros también nos sentimos un poquito parte de ese equipo que trabaja cada día en ser mejor.

¿Por qué decimos que esto no se acaba? Porque **el amor, el modo equipo, es un estilo de vida y eso se hace a diario**. Es un trabajo constante, así que este no es un libro para guardar en la estantería una vez leído: es una herramienta de consulta.

Volved a los ejercicios, reescribid vuestras preocupaciones y tachad aquello que ya no sea un obstáculo entre vosotros. Tened citas otra vez, cread nuevas parcelas individuales, proponed nuevos planes. Lo que esperamos que os llevéis del libro es la dirección hacia la que caminar como pareja, y las herramientas necesarias para hacerlo.

Un vínculo seguro nunca estará exento de problemas o malestar, y lo importante está en cómo gestionamos esos problemas y ese malestar juntos. Un vínculo seguro es saber que siempre habrá elementos externos que nos puedan afectar, y debemos poner el foco en que somos equipo, y **un equipo no se juzga sino que se comprende**, aunque a veces sea muy difícil.

Por último, os queremos dar la enhorabuena por vuestro trabajo, de corazón. Si habéis llegado hasta aquí es porque estáis comprometidos con vuestra relación, y os habéis metido en faena. Nos alegra que hayáis querido «aprender» a crear o consolidar ese vínculo. **Al fin y al cabo, eso es el amor: no querer y punto, sino aprender a querernos.**

Nuestro objetivo con este libro no es que seáis pareja a costa de lo que sea, ni que lo seáis de por vida. Sino que podáis analizar si entre vosotros es posible la construcción de ese vínculo seguro, que sepáis lo que es, lo que os puede aportar y cómo trabajar en él. Y a partir de ahí, la idea es que decidáis. Que decidáis si queréis elegiros el uno al otro, y que os lo planteéis de vez en cuando. **En un vínculo seguro hay espacio para dudar**, porque las dudas son sanas y lo importante es cómo se resuelven. Si tras leer este libro habéis comprobado que juntos es posible, y estáis decididos a trabajar en ello, nos ilusiona enormemente el trabajo que tenéis por delante. Este libro trata de construir amor, y **EL AMOR, recordad, SE CONSTRUYE JUNTOS**.

BIBLIOGRAFÍA

Ainsworth, M. D. S., M. C. Blehar, E. Waters, y S. Wall, «Patterns of attachment: A psychological study of the strange situation», Hillsdale, Nueva Jersey: Lawrence Erlbaum Associates, 1978.

Basson, R., «Human sex-response cycles», *Journal of Sex & Marital Therapy*, 27(1), 2001, pp. 33-43.

Bauman, Z., *Amor líquido. Sobre la fragilidad de los vínculos humanos*, Barcelona: Paidós, 2018.

Bowlby, J., *Una base segura: aplicaciones clínicas de una teoría del apego*, Barcelona: Paidós, 1995.

— *Attachment and loss*, vol. 1, Nueva York: Basic Books, 1969.

Chapman, G., *Los cinco lenguajes del amor. El secreto del amor que perdura*, Medley: Unilit, 2017.

Chellan, S., «Effect of attachment styles on marital satisfaction», *Shanlax International Journal of Arts, Science and Humanities*, 5(4), 2018, pp. 254-263.

Ellis, A. y R. Grieger, *Manual de terapia racional-emotiva*, Bilbao: Desclée de Brouwer, 1992.

Farber, H. R. y D. J. Siegel, «Parental presence: An interpersonal neurobiology approach to healthy relationships between adults and their parents», *Poisonous parenting*, Routledge, 2012, pp. 49-61.

Feeney, J. y P., Noller, *Apego adulto*, Bilbao: Desclée de Brouwer, 2012.

Gómez, A., *Sintiéndome mejor, amándome mejor. Cómo validar tus emociones te ayuda a construir un amor seguro*, Barcelona: Zenith, 2023.

González-Ortega, E., B. Orgaz-Baz, I. Vicario-Molina, y A. Fuertes-Martín, «Adult attachment style combination, conflict resolution and relationship quality among young-adult couples», *Terapia psicológica*, 38(3), 2020, pp. 303-316.

Gottman, J. y N. Silver, *Siete reglas de oro para vivir en pareja*, Barcelona: Debolsillo, 2012.

Gottman, J. y J. Gottman, *La receta para el amor: 7 días para mejorar tu conexión, intimidad y placer*, Barcelona: Diana, 2023.

Guzmán, M., y P. Contreras, «Estilos de apego en relaciones de pareja y su asociación con la satisfacción marital», *Psykhe (Santiago)*, 21(1), 2012, pp. 69-82.

Hernández Pacheco, M., *Apego y psicopatología: la ansiedad y su origen*, Bilbao: Desclée de Brouwer, 2017.

— *Reconocer y superar las relaciones tóxicas y la dependencia emocional*, Bilbao: Desclée de Brouwer, 2023.

Hershler, A., «Window of tolerance», *Looking at trauma: A tool kit for clinicians*, 23, 2021, pp. 25-28.

Holt-Lunstad, J., «Social connection as a public health issue: The evidence and a systemic framework for prioritizing the "social" in social determinants of health», *Annual Review of Public Health*, 43, 2022, pp.193-213.

Johnson, S., *Práctica de la terapia de pareja focalizada en las emociones*, Bilbao: Desclée de Brouwer, 2020.

Lev, A. y M. McKay, *Terapia de aceptación y compromiso para parejas*, Bilbao: Desclée de Brouwer, 2018.

Levine, A. y R. Heller, *Maneras de amar*, Barcelona: Urano, 2016.

Martínez Novoa, M., *Que sea amor del bueno. Por qué la responsabilidad afectiva es clave en tus relaciones*, Barcelona: Zenith, 2022.

Mansukhani, A., *Condenados a entendernos. La interdependencia o el arte de mantener relaciones sanas*, Barcelona: Ediciones B, 2023.

Mónaco, E., «Are emotional competencies mediators between attachment and relationship satisfaction in young couples?», *Psicología conductual*, 30(2), 2022, pp. 427-445.

Soler, J. y M. Conangla, *Juntos pero no atados. La pareja emocionalmente ecológica*, Barcelona: Amat, 2015.

Solomon, J. y C. George, *Disorganized attachment and caregiving*, Nueva York: Guilford Press, 2011.

Sommantico, M., I. Iorio, M. Lacatena, y S. Parrello, «Adult attachment, differentiation of self, and relationship satisfaction in lesbians and gay men», *Contemporary Family Therapy*, 43(2), 2021, pp. 154-164.

Vollmann, M., S. Sprang, y F. van den Brink, «Adult attachment and relationship satisfaction: The mediating role of gratitude toward the partner», *Journal of Social and Personal Relationships*, 36(11-12), 2019, pp. 3875-3886.

Winch, R. F., «The theory of complementary needs in mate-selection: A test of one kind of complementariness», *American Sociological Review*, 20, 1955, pp. 52-56.

AGRADECIMIENTOS

A nuestros padres, por darnos un entorno seguro y enseñarnos lo que supone conseguirlo.

A nosotros como pareja, por trabajar en alcanzar ese vínculo cada día y por la admiración y el amor que ponemos el uno en el otro.

A nuestra comunidad y nuestro equipo, por inspirarnos, apoyarnos y permitirnos aprender y aportar.

Y, por supuesto, a vosotros, lectores, por decidir invertir vuestro tiempo con nosotros en este precioso camino.

Abuelos, desde el cielo y desde la tierra, gracias por estar.